J. Marco D. Couturier

# Les Racines du Stoïcisme

## Histoire et influence des Fondateurs

*Découvrez les secrets de la résilience ancienne*

# Table des matières

*« Ce n'est pas parce que les choses sont difficiles que nous n'osons pas ; c'est parce que nous n'osons pas qu'elles sont difficiles. »*

— Sénèque

# Préface

C'est au cours de mes études universitaires, dans le cadre de mes cours d'histoire de la Grèce et de Rome antiques, que j'ai découvert pour la première fois le stoïcisme. Cette philosophie, née dans les rues animées d'Athènes au IIIe siècle avant J.-C. et plus tard enrichie par les penseurs romains, m'a immédiatement fasciné par sa profondeur intellectuelle et son ancrage pragmatique dans la vie quotidienne. Je me souviens encore de ce moment de révélation, assis dans la salle de classe, lorsque j'ai compris que la sagesse philosophique ne se limitait pas à des concepts abstraits et théoriques, mais pouvait véritablement transformer notre manière d'appréhender l'existence et de faire face aux défis de la vie.

Au fil des années, le stoïcisme a pris une place prépondérante dans mes réflexions personnelles et mon développement intellectuel. Les enseignements des grands maîtres de cette école, de Zénon de Citium, le fondateur, à Marc Aurèle, l'empereur philosophe, en passant par Cléanthe, Chrysippe, Sénèque et Épictète, ont traversé les siècles avec une résonance étonnamment moderne. Ces penseurs n'ont pas seulement guidé des générations d'individus en quête de sagesse, mais ils ont également influencé profondément les fondements mêmes de la pensée occidentale, laissant une empreinte indélébile sur des domaines aussi variés que la psychologie, l'éthique et la politique.

Ce livre, fruit de nombreuses années d'étude approfondie et de réflexion personnelle sur les racines de cette école philosophique, son développement à travers les âges et son influence durable, se veut à la fois une exploration historique et une invitation à la réflexion. Mon objectif est d'offrir aux lecteurs une plongée immersive dans l'histoire fascinante du stoïcisme, depuis ses origines dans la Grèce antique jusqu'à son apogée sous l'Empire romain. Je souhaite également mettre en lumière l'importance capitale de ces fondateurs qui ont non seulement façonné cette école de pensée, mais aussi inspiré des générations entières à vivre de manière plus rationnelle, éthique et résiliente face aux aléas de l'existence.

À travers ces pages, j'espère partager avec vous non seulement les riches enseignements de cette tradition philosophique millénaire, mais aussi éveiller en vous la même fascination que j'ai ressentie lors de ma première rencontre avec le stoïcisme à l'université. Car, au-delà de son intérêt historique indéniable, le stoïcisme demeure une philosophie vivante et pertinente, capable de nous guider face aux défis complexes de notre monde contemporain.

En explorant les concepts clés du stoïcisme, tels que la distinction entre ce qui dépend de nous et ce qui n'en dépend pas, l'importance de la vertu comme seul véritable bien, ou encore l'acceptation sereine du destin, nous découvrirons ensemble comment ces principes anciens peuvent éclairer notre compréhension de nous-mêmes et du monde qui nous entoure. Nous verrons comment les Stoïciens ont développé des techniques pratiques pour cultiver la paix intérieure, la résilience émotionnelle et une perspective plus large sur la vie, des outils qui restent étonnamment pertinents face aux anxiétés et aux incertitudes de notre époque.

Ce voyage à travers l'histoire et la pensée stoïcienne nous permettra également de réfléchir à des questions fondamentales : Comment vivre une vie bonne et épanouissante ? Comment faire face à l'adversité avec courage et dignité ? Quel est notre rôle dans la communauté humaine et dans l'univers plus large ?

En fin de compte, mon espoir est que ce livre ne soit pas seulement une source d'information, mais aussi une source d'inspiration. Que chaque lecteur, qu'il soit novice en philosophie ou penseur chevronné, puisse trouver dans ces pages des idées qui résonnent avec sa propre expérience, des concepts qui stimulent sa réflexion, et peut-être même des principes qui l'aideront à naviguer les eaux parfois tumultueuses de la vie avec plus de sagesse et de sérénité.

Embarquons ensemble pour ce voyage fascinant à travers le temps et la pensée, à la découverte d'une philosophie qui, bien que vieille de plus de deux millénaires, n'a jamais cessé d'éclairer le chemin de ceux qui cherchent à vivre une vie plus réfléchie, plus éthique et plus épanouie.

# Introduction

## *Le Stoïcisme : Une philosophie antique pour naviguer la modernité*

### L'Essence du Stoïcisme

Le stoïcisme, courant philosophique né dans l'Antiquité grecque, continue d'exercer une influence profonde sur la pensée et le comportement humain plus de deux millénaires après sa création. Cette école de pensée, qui prône la maîtrise de soi, la raison et la vertu comme moyens d'atteindre le bonheur, trouve ses origines dans les rues animées d'Athènes au IIIe siècle avant notre ère. Fondé par Zénon de Citium, qui enseignait sous le portique peint (la Stoa Poikilê) d'où le mouvement tire son nom, le stoïcisme s'est rapidement imposé comme l'une des philosophies les plus influentes du monde antique.

La pertinence du stoïcisme dans notre monde moderne est frappante. Dans une époque marquée par l'incertitude, les bouleversements sociaux et les défis environnementaux, les enseignements stoïciens offrent un cadre précieux pour naviguer la complexité de la vie contemporaine. De la gestion du stress à la quête de sens, en passant par l'éthique des affaires et le développement personnel, le stoïcisme continue d'inspirer et de guider des individus de tous horizons.

### L'héritage philosophique du Stoïcisme

*Les Fondateurs et leur époque*

Le Stoïcisme est né dans un contexte de grands bouleversements politiques et sociaux. La mort d'Alexandre le Grand en 323 av. J.-C. avait plongé le monde hellénistique dans une période d'instabilité. C'est dans ce climat d'incertitude que Zénon de Citium, originaire de Chypre, arriva à Athènes et commença à développer sa philosophie.

Zénon, influencé par les enseignements de Socrate et des cyniques, posa les fondements d'une philosophie axée sur la vertu comme seul véritable bien. Il enseignait que le bonheur ne dépendait pas des circonstances extérieures, mais de notre attitude intérieure et de notre capacité à vivre en accord avec la nature et la raison.

Après Zénon, d'autres penseurs éminents ont contribué à l'élaboration et à la diffusion du stoïcisme :

- **Cléanthe** (330-230 av. J.-C.), successeur de Zénon à la tête de l'école stoïcienne, est connu pour son « Hymne à Zeus », une belle expression poétique des principes stoïciens.
- **Chrysippe** (280-207 av. J.-C.), souvent considéré comme le « second fondateur » du stoïcisme, a systématisé la doctrine et l'a défendue contre les critiques, notamment celles des sceptiques et des épicuriens.

*L'Âge d'or du stoïcisme romain*

C'est à Rome que le stoïcisme a connu son apogée, s'adaptant à la culture romaine et influençant profondément la vie politique et sociale de l'Empire. Trois figures emblématiques ont marqué cette période :

1. **Sénèque** (4 av. J.-C. - 65 ap. J.-C.), homme d'État, dramaturge et philosophe, a appliqué les principes stoïciens aux défis de la vie politique et personnelle. Ses lettres à Lucilius offrent un guide pratique de la philosophie stoïcienne, abordant des sujets aussi variés que l'amitié, la mort, et la gestion de la richesse.
2. **Épictète** (50-135 ap. J.-C.), ancien esclave devenu philosophe, a mis l'accent sur la liberté intérieure et la responsabilité personnelle. Son « Manuel » (Enchiridion) reste l'un des textes les plus concis et puissants de la philosophie stoïcienne.
3. **Marc Aurèle** (121-180 ap. J.-C.), empereur romain, a écrit ses « Méditations » comme un journal personnel, offrant un aperçu intime de l'application des principes stoïciens aux défis du pouvoir et de la vie quotidienne.

**Les Principes fondamentaux du stoïcisme**

*La Dichotomie du contrôle*

Au cœur de la philosophie stoïcienne se trouve l'idée que certaines choses sont sous notre contrôle, tandis que d'autres ne le sont pas. Épictète l'exprime ainsi dans son Manuel :

> *« Parmi les choses qui existent, certaines dépendent de nous, d'autres non. De nous dépendent le jugement, la tendance, le désir, l'aversion, en un mot toutes nos œuvres propres ; ne dépendent pas de nous le corps, la richesse, les honneurs, les charges publiques, en un mot toutes les choses qui ne sont pas nos œuvres propres. »*

Cette distinction fondamentale invite les stoïciens à concentrer leur énergie sur ce qu'ils peuvent influencer - leurs pensées, leurs jugements, leurs actions - et à accepter avec équanimité ce qui échappe à leur contrôle.

*Les quatre vertus cardinales*

Les Stoïciens identifient quatre vertus principales comme essentielles à une vie bonne :

1. **La Sagesse** (Sophia) : La capacité de naviguer dans les situations complexes de la vie avec discernement et bon jugement.
2. **La Justice** (Dikaiosyne) : Agir avec équité et bienveillance envers soi-même et les autres, reconnaissant notre interconnexion avec toute l'humanité.
3. **Le Courage** (Andreia) : La force morale de faire ce qui est juste, même face à l'adversité ou à la peur.
4. **La Tempérance** (Sophrosyne) : La modération et la maîtrise de soi dans tous les aspects de la vie.

Ces vertus ne sont pas considérées comme des traits innés, mais comme des compétences à développer par la pratique constante et la réflexion.

*Vivre en accord avec la nature*

Pour les Stoïciens, vivre une vie bonne signifie vivre en harmonie avec la nature, comprise à la fois comme l'ordre cosmique et la nature humaine rationnelle. Cela implique de cultiver la raison, d'accepter ce qui arrive comme faisant partie d'un ordre plus grand, et de jouer notre rôle dans la société humaine avec intégrité et bienveillance.

## Le Stoïcisme en pratique : Applications modernes

*Gestion du stress et résilience émotionnelle*

Dans notre monde moderne caractérisé par une pression constante et un rythme effréné, les enseignements stoïciens offrent des outils précieux pour gérer le stress et cultiver la résilience émotionnelle.

La technique de la « préméditation des maux » (praemeditatio malorum), par exemple, consiste à envisager à l'avance les difficultés potentielles. Loin d'être un exercice de pessimisme, cette pratique vise à nous préparer mentalement aux défis, réduisant ainsi l'anxiété et augmentant notre capacité à y faire face sereinement.

De même, l'exercice du « point de vue cosmique » (view from above), qui consiste à prendre du recul et à considérer nos problèmes à l'échelle de l'univers, peut aider à relativiser nos soucis quotidiens et à maintenir une perspective plus équilibrée.

*Éthique des affaires et leadership*

Le stoïcisme a beaucoup à offrir dans le domaine de l'éthique des affaires et du leadership. Les principes de justice, de courage moral et de service à la communauté résonnent particulièrement dans un contexte où les entreprises sont de plus en plus appelées à assumer leur responsabilité sociale.

Des leaders inspirés par le stoïcisme pourraient, par exemple :

- Prioriser l'intégrité et l'éthique dans la prise de décision, même au détriment de gains à court terme.

- Cultiver la résilience face aux échecs et aux revers, les voyant comme des opportunités d'apprentissage et de croissance.
- Promouvoir une culture d'entreprise basée sur le respect mutuel et la reconnaissance de la valeur intrinsèque de chaque individu.

*Développement personnel et quête de sens*

Dans une société souvent caractérisée par le matérialisme et la superficialité, le stoïcisme offre une voie vers une vie plus profonde et significative. En nous encourageant à nous concentrer sur notre caractère plutôt que sur les possessions ou le statut social, cette philosophie peut nous aider à :

- Clarifier nos valeurs personnelles et aligner nos actions sur ces valeurs.
- Cultiver la gratitude pour ce que nous avons, plutôt que de toujours désirer plus.
- Accepter les changements et les pertes comme faisant partie intégrante de la vie, développant ainsi une plus grande sérénité face aux aléas de l'existence.

## Le Stoïcisme face aux défis du XXIe siècle

*Écologie et responsabilité environnementale*

Bien que les anciens Stoïciens n'aient pas été confrontés aux défis environnementaux actuels, leurs enseignements sur l'interconnexion de toutes choses et notre devoir envers la communauté mondiale peuvent être étendus à notre responsabilité envers la planète.

Le concept stoïcien d'oikeiôsis, ou « appropriation », qui décrit l'expansion graduelle de notre cercle de préoccupation de nous-mêmes à notre famille, notre communauté, et finalement à toute l'humanité, peut être élargi pour inclure l'écosystème global.

Adopter une perspective stoïcienne sur l'environnement pourrait nous encourager à :

- Vivre de manière plus frugale et consciente, en accord avec les limites naturelles de notre planète.
- Accepter la responsabilité de nos actions et de leur impact sur l'environnement.

- Agir pour le bien commun, même lorsque cela implique des sacrifices
  personnels à court terme.

*Technologie et vie numérique*

Dans un monde de plus en plus dominé par la technologie et les médias sociaux, les principes stoïciens peuvent nous guider vers une utilisation plus équilibrée et significative de ces outils.

La dichotomie du contrôle, par exemple, peut nous aider à naviguer dans le paysage numérique en nous rappelant de nous concentrer sur nos propres actions et réactions en ligne, plutôt que de nous laisser emporter par les opinions des autres ou la quête de validation externe.

Les Stoïciens modernes pourraient :

- Pratiquer la tempérance dans l'utilisation des réseaux sociaux et des appareils connectés.
- Cultiver des relations authentiques en ligne et hors ligne, en se concentrant sur la qualité plutôt que la quantité des interactions.
- Utiliser la technologie comme un outil pour l'apprentissage et le développement personnel, plutôt que comme une source de distraction constante.

*Critique et limites du Stoïcisme*

Malgré sa sagesse intemporelle, le stoïcisme n'est pas sans critiques ni limites. Il est important de les considérer pour une compréhension nuancée de cette philosophie :

*Risque de passivité*

Certains critiques arguent que l'accent mis par le Stoïcisme sur l'acceptation de ce qui est hors de notre contrôle pourrait conduire à une forme de passivité ou de résignation face aux injustices sociales. Cependant, les stoïciens eux-mêmes ont souvent été des acteurs engagés dans la vie publique, illustrant que l'acceptation n'exclut pas l'action constructive.

*Suppression des émotions*

Une interprétation erronée courante du Stoïcisme est qu'il prône la suppression des émotions. En réalité, les Stoïciens cherchaient à comprendre et à gérer les émotions de manière rationnelle, plutôt qu'à les éliminer complètement. Néanmoins, certains pourraient trouver l'approche stoïcienne trop intellectuelle ou détachée.

*Compatibilité avec diverses croyances*

Bien que le stoïcisme soit souvent présenté comme une philosophie séculaire, ses racines incluent des concepts comme la providence divine et un univers ordonné. Certains praticiens modernes peuvent trouver nécessaire d'adapter ces aspects à leurs propres croyances ou à une vision du monde plus scientifique.

## Le Stoïcisme, une philosophie vivante

Le stoïcisme, loin d'être un vestige de l'Antiquité, demeure une philosophie vivante et dynamique, capable de s'adapter aux défis de notre époque. Sa renaissance au XXIe siècle, portée par des auteurs comme Ryan Holiday, Massimo Pigliucci et William B. Irvine, témoigne de sa pertinence continue.

En nous offrant des outils pour cultiver la résilience, la clarté mentale et l'intégrité morale, le stoïcisme nous équipe pour naviguer les eaux tumultueuses de la vie moderne. Il nous rappelle que, malgré les avancées technologiques et les changements sociaux, les questions fondamentales sur la manière de vivre une vie bonne et épanouissante restent au cœur de l'expérience humaine.

L'étude et la pratique du stoïcisme ne sont pas un simple exercice intellectuel, mais une invitation à une transformation personnelle profonde. En intégrant ses principes dans notre vie quotidienne, nous pouvons aspirer à une existence plus sereine, plus éthique et plus significative.

Que vous soyez novice en philosophie ou penseur chevronné, le voyage à travers la pensée stoïcienne promet d'être aussi enrichissant qu'éclairant, offrant des perspectives nouvelles sur nous-mêmes, sur nos relations avec les autres et sur notre place dans l'univers. Dans un monde en constante mutation, le stoïcisme nous offre un ancrage solide, nous rappelant que la véritable liberté et le bonheur résident dans la cultivation de notre caractère et dans notre capacité à répondre aux défis de la vie avec sagesse et vertu.

# Chapitre 1
## Zénon de Citium – Le Fondateur du Stoïcisme

 Parmi les personnages emblématiques de la philosophie antique, Zénon de Citium se démarque par l'aura de mystère qui entoure ses débuts dans ce qui deviendra l'une des écoles de pensée les plus influentes de l'Antiquité : le stoïcisme. Ce chapitre ne vise pas à retracer en détail la vie de Zénon ni à définir précisément son héritage, mais plutôt à explorer l'essence de son attrait pour la philosophie, un appel qui continue de résonner chez ceux qui cherchent à comprendre les principes fondamentaux du stoïcisme.

Notre récit ne commence donc pas par une biographie exhaustive ou une analyse approfondie de ses doctrines, mais par une exploration de l'étincelle initiale qui a embrasé sa quête philosophique. Nous nous immergerons dans l'atmosphère de l'époque, percevant les vibrations de l'Agora d'Athènes, où les idées philosophiques ne flottaient pas simplement dans l'air, mais s'entremêlaient dans des échanges et des débats passionnés.

Zénon, figure à la fois centrale et insaisissable, émerge ici non pas comme un simple philosophe parmi tant d'autres, mais comme un catalyseur de réflexion, dont l'approche unique a posé les fondements d'une voie désormais suivie par des millions de personnes à travers le monde.

### Vie et contexte historique

Zénon de Citium, le fondateur du stoïcisme, est né vers 334 avant J.-C. dans la cité de Citium, située sur l'île de Chypre. Issu d'une région marquée par un mélange de cultures grecque et phénicienne, la jeunesse de Zénon a été imprégnée d'une diversité qui préfigurait sa future philosophie éclectique (qui combine des éléments de différentes doctrines). La période de sa naissance coïncidait avec l'époque hellénistique, une ère de profonds changements initiée par les conquêtes d'Alexandre le Grand. Cette période a vu les barrières entre les différentes cultures de l'Empire s'estomper, permettant une fusion d'idées philosophiques, scientifiques et artistiques.

La vie de Zénon avant son arrivée à Athènes reste mystérieuse, mais on sait qu'un naufrage l'a conduit dans cette cité de savoir et de culture, où il est entré en contact avec les principaux courants philosophiques de l'époque. Zénon a d'abord été influencé par l'école cynique, adoptant et adaptant la diatribe (discours moral vif et critique) de Diogène de Sinope, qui prônait un retour à la nature et une vie conforme à la vertu, indépendante des plaisirs matériels. Cependant, son exploration philosophique ne s'est pas arrêtée là. Il a également été l'élève de Cratès de Thèbes, un autre éminent philosophe cynique, et a étudié auprès des philosophes de l'Académie platonicienne et du Lycée aristotélicien.

À cette époque, Athènes était un véritable creuset intellectuel. La Cité était un carrefour où se rencontraient les idées de toute la Méditerranée. Les philosophes y débattaient de la nature de la vertu, du bonheur et de la place de l'homme dans un cosmos gouverné par des dieux souvent indifférents aux affaires humaines. C'est dans ce bouillonnement d'idées que Zénon a commencé à enseigner sur le Stoa Poikilè, ou Portique Peint, qui donnera son nom à la philosophie stoïcienne.

Le stoïcisme de Zénon reposait sur l'idée que le bien-être humain réside dans l'acceptation du moment présent et la résilience face aux épreuves, en vivant en harmonie avec la nature, ce que les Grecs appelaient le « logos » (principe rationnel qui gouverne l'univers). Il proposait une vie marquée par l'absence de passions dévastatrices, une vie guidée par la raison et la vertu.

Le contexte historique de Zénon, marqué par les guerres, les bouleversements politiques et les incertitudes, a certainement influencé sa pensée. L'effondrement des cités-états traditionnelles et l'émergence de royaumes plus vastes et impersonnels ont créé un sentiment d'insécurité chez beaucoup, rendant les enseignements de Zénon particulièrement pertinents et attrayants pour ceux qui cherchaient un point d'ancrage dans les tempêtes de la vie.

**Principes philosophiques majeurs**

Le stoïcisme, tel que conçu par Zénon de Citium, s'appuie sur une série de principes philosophiques profonds, qui visent à équiper l'individu face aux aléas de la fortune et à l'instabilité du monde extérieur. Les idées stoïciennes se concentrent essentiellement sur la maîtrise de soi, la rationalité et la conformité à la nature, qui ensemble, forment le cœur de cette philosophie robuste.

1. *La vertu comme bien suprême :* Pour Zénon, la vertu est le seul véritable bien, et tout ce qui ne relève pas de la vertu est indifférent, voire préférable ou non selon les circonstances. La vertu comprend des qualités telles que la sagesse, la justice, le courage et la tempérance (modération). Zénon enseignait que vivre vertueusement, c'est vivre en accord avec la raison et la logique, qui sont, selon lui, des attributs fondamentaux de la nature humaine.

2. *L'indifférence face aux externes :* Les stoïciens, guidés par les enseignements de Zénon, distinguent entre ce qui est en notre pouvoir (nos pensées, nos convictions, nos choix) et ce qui ne l'est pas (la plupart des événements extérieurs, les actions d'autres personnes). La tranquillité d'esprit, selon cette philosophie, découle de la concentration de l'individu sur les éléments qu'il peut contrôler, en accueillant avec indifférence ce qui échappe à sa maîtrise.

3. *La conformité à la nature* : Zénon soutenait que pour atteindre une vie épanouissante, l'individu doit vivre en conformité avec la nature. Cela signifie comprendre les lois de l'Univers et agir en harmonie avec elles. Il voyait l'univers comme un tout rationnel, gouverné par un logos divin (raison), et estimait que les êtres humains, en tant que parties de cet univers, devaient aligner leurs vies sur ce principe rationnel.

4. *La résilience émotionnelle :* La capacité à maintenir une forte résilience émotionnelle est un autre pilier du stoïcisme. Zénon prêchait l'importance de développer une forte endurance face aux adversités, une pratique qu'il a désignée sous le terme d'apatheia, ou absence de passions. Ce concept ne signifie pas l'absence d'émotions, mais plutôt la libération des émotions destructrices provoquées par des désirs et des aversions irréalistes.

5. *Le cosmopolitisme :* Zénon fut l'un des premiers penseurs à promouvoir l'idée de cosmopolitisme, affirmant que tous les êtres humains vivent sous la juridiction d'une même loi universelle et rationnelle, et que chacun devrait se considérer comme citoyen du monde, et non limité par les frontières locales ou nationales. Cette vision encourage une fraternité universelle et une éthique de la responsabilité partagée entre tous les êtres humains.

6. *La pratique de l'examen de conscience :* Zénon enseignait l'importance de l'examen de conscience quotidien, une pratique destinée à renforcer la conscience de soi et à cultiver la discipline personnelle. Chaque jour, le stoïcien doit réfléchir à ses actions et décisions, évaluant si elles étaient en accord avec les valeurs de la vertu et de la raison. Cette introspection permet de développer un caractère moral plus fort et de corriger les comportements qui s'éloignent de la conduite vertueuse.

7. *L'acceptation active :* Selon Zénon, accepter les circonstances de la vie ne signifie pas une résignation passive, mais plutôt une acceptation consciente et active des événements tels qu'ils se présentent, tout en travaillant à améliorer ce qui peut l'être selon les principes de la vertu. Cette approche est fondée sur la distinction entre ce qui est et ce qui n'est pas en notre pouvoir, encourageant le stoïcien à agir de manière efficace sans être entravé par des émotions inutiles.

8. *La simplicité volontaire :* La simplicité dans le mode de vie est un autre aspect crucial du stoïcisme prôné par Zénon. Il soutenait que le bonheur ne dépend pas des richesses matérielles ou du statut social, mais de la cohérence interne et de la paix de l'esprit. En réduisant les désirs matériels, on diminue également les sources de frustration et de souffrance, ce qui conduit à une existence plus sereine et plus centrée sur des valeurs plus profondes.

9. *L'universalité de la logique :* La logique occupe une place centrale dans la philosophie stoïcienne, car Zénon considérait que la capacité de raisonner correctement était essentielle pour vivre en harmonie avec le logos universel (principe rationnel qui gouverne l'univers). Le développement des compétences logiques aide à analyser les situations de manière objective et à

prendre des décisions qui sont non seulement bénéfiques sur le plan personnel,
mais aussi alignées avec le bien commun.

10. *L'engagement communautaire et éthique :* Enfin, Zénon soulignait
l'importance de l'engagement éthique dans la communauté. Pour lui, la pratique
de la philosophie n'était pas seulement un exercice personnel d'autoréflexion et
de discipline, mais aussi un acte social visant à contribuer au bien-être de la
communauté. Le stoïcisme encourage ainsi ses adeptes à agir de manière juste et
honorable, non seulement pour leur propre développement, mais aussi pour le
bénéfice de la société dans son ensemble.

## L'héritage de Zénon dans notre société moderne

Les enseignements de Zénon de Citium, bien qu'ancrés dans le contexte de la Grèce
antique, résonnent avec une étonnante actualité dans notre société contemporaine.
En proposant une philosophie axée sur la vertu, l'autodiscipline et la résilience, le
stoïcisme offre des réponses intemporelles aux questions universelles sur la manière
de mener une vie bonne et significative. À travers la pratique de la vertu,
l'indépendance vis-à-vis des possessions extérieures et une profonde réflexion
personnelle, le stoïcisme encourage chaque individu à cultiver la meilleure version de
lui-même.

Ce que nous apprenons de Zénon n'est pas seulement une série de directives pour
l'endurance ou la gestion des émotions, mais un appel à une vie examinée, où chaque
action et chaque décision sont alignées avec des principes éthiques universels. C'est ici
que le stoïcisme se distingue comme une philosophie de vie plutôt qu'une simple
théorie isolée. Il appelle à une transformation personnelle qui, par extension, peut
conduire à des changements positifs dans la société.

En intégrant ces principes stoïciens dans notre vie quotidienne, nous pouvons aspirer
non seulement à une existence plus sereine et maîtrisée, mais aussi à une contribution
significative au bien commun. En ces temps de changement rapide et souvent de
tension, les principes de Zénon offrent un phare de sagesse qui, bien qu'ancien, n'a
jamais été aussi pertinent.

Ainsi, en revisitant les racines du stoïcisme, nous ne redécouvrons pas seulement une page de l'histoire philosophique, mais nous nous rééquipons pour mieux naviguer dans le présent, armés de résilience, de rationalité et d'une profonde compréhension de notre rôle dans le grand schéma de l'univers. Zénon de Citium, avec ses idées révolutionnaires, continue de nous inspirer, nous guidant vers une vie où la vertu et la sagesse ne sont pas de simples idéaux, mais des réalités pratiques à chaque instant de notre existence.

*Influence et héritage*

L'impact de Zénon de Citium sur la philosophie occidentale et la pensée mondiale dépasse largement les frontières de son époque et de sa propre école. Fondateur du stoïcisme, ses idées ont profondément marqué la façon dont la raison, la vertu et la résilience sont perçues dans la quête humaine d'une vie équilibrée et significative.

*Conservation du Stoïcisme*

Zénon a établi les fondements d'une école qui a prospéré bien après sa mort, grâce à ses successeurs directs tels que Cléanthe et Chrysippe, qui ont enrichi et étendu ses enseignements. L'approche pratique et accessible du stoïcisme a attiré de nombreux adeptes à travers les époques, permettant à cette philosophie de s'épanouir durant la période romaine avec des figures comme Sénèque, Épictète et l'empereur Marc Aurèle. Ces penseurs ont non seulement préservé les principes de Zénon, mais les ont aussi adaptés aux défis et aux circonstances de leur propre vie, démontrant ainsi la flexibilité et la pertinence durable du stoïcisme.

*Influence sur la pensée occidentale*

Au-delà de son école, l'influence de Zénon s'étend à de vastes domaines de la pensée occidentale. Ses idées sur la maîtrise de soi, l'éthique personnelle et le cosmopolitisme (vision considérant l'humanité comme une communauté unique) ont trouvé un écho dans divers mouvements philosophiques et religieux. Elles ont notamment influencé le christianisme primitif et, plus tard, des penseurs de la Renaissance qui cherchaient à harmoniser la pensée antique avec les idées chrétiennes.

*Résonance moderne*

À l'ère contemporaine, l'attrait du stoïcisme ne s'est pas démenti. Dans un monde souvent caractérisé par le changement rapide et l'incertitude, les enseignements de Zénon sur la résilience et la vertu résonnent avec une nouvelle génération de leaders, de penseurs et d'individus en quête de sérénité. Le stoïcisme offre des outils pour gérer le stress et les défis de la vie quotidienne, promouvant une existence fondée sur le contrôle de soi et une perspective rationnelle face aux événements.

*Impact culturel et éducatif*

Sur le plan culturel, Zénon et le Stoïcisme ont également laissé une marque indélébile. Leur accent sur l'éducation comme moyen de parvenir à la vertu et à la sagesse a influencé les systèmes éducatifs de nombreuses civilisations. Le stoïcisme a aussi inspiré la littérature, le cinéma et d'autres formes d'art, où les thèmes de la résilience face à l'adversité et de la recherche de sens dans un monde chaotique sont fréquemment explorés.

*Héritage éthique et social*

L'héritage éthique de Zénon continue de servir de fondement à des discussions modernes sur la justice, l'équité et la responsabilité sociale. Dans un contexte mondialisé, son appel à considérer tous les êtres humains comme des citoyens du monde prend une signification particulière, encourageant un sens renouvelé de solidarité mondiale.

*Transmission au fil des siècles*

L'enseignement de Zénon a traversé les siècles, adapté et réinterprété par chaque nouvelle génération. Cette capacité d'adaptation témoigne de la profondeur universelle et de la pertinence de ses principes. Dans le contexte de la mondialisation, ses idées sur le cosmopolitisme et l'interdépendance globale prennent une nouvelle urgence, offrant une perspective philosophique à la coopération internationale et à l'éthique globale.

*Stoïcisme dans la pratique contemporaine*

Les professionnels de la santé mentale et les coachs de vie s'inspirent aujourd'hui des principes stoïciens pour aider les individus à gérer le stress et à développer une résilience psychologique. Des programmes basés sur la pleine conscience (état de conscience et d'attention à l'instant présent) et l'acceptation active s'appuient sur des notions clairement exposées par Zénon, prouvant que même après des millénaires, ses enseignements continuent d'avoir un impact tangible sur la vie des gens.

*Influence académique et éducative*

Dans les institutions académiques, Zénon est étudié non seulement pour sa contribution historique à la philosophie, mais aussi comme un penseur dont les idées peuvent être appliquées à des questions contemporaines de morale et d'éthique. Les universités et les écoles intègrent des éléments du stoïcisme dans des cours de philosophie, d'éthique, et même de leadership, montrant que la portée de Zénon dépasse largement le cadre philosophique.

En somme, Zénon de Citium n'est pas seulement le fondateur d'une école philosophique antique ; il est une figure dont les idées ont survécu et prospéré à travers les âges. Son héritage ne se mesure pas uniquement en termes d'influence intellectuelle, mais aussi par sa capacité à enrichir les vies individuelles aujourd'hui. Les principes de Zénon centrés sur la vertu, la résilience et la raison, offrent des outils précieux pour naviguer dans le tissu complexe de la vie moderne.

L'héritage de Zénon nous rappelle que les questions les plus profondes de la vie humaine restent constantes à travers les époques, et que les réponses qu'il a formulées continuent de fournir sagesse et orientation. En réfléchissant sur sa vie et son œuvre, nous ne découvrons pas seulement un pan de l'histoire philosophique ; nous trouvons des clés pour vivre nos propres vies avec plus de détermination, d'équilibre et de tranquillité.

# Chapitre 2
## Cléanthe – Le Second Pilier

Dans le panthéon des penseurs stoïciens, Cléanthe occupe une place de choix, non seulement en tant que successeur de Zénon de Citium, mais aussi comme un pilier essentiel qui a soutenu et diffusé les fondements de cette philosophie robuste. Ce chapitre, dédié à Cléanthe, ne se contentera pas de retracer les contours de sa vie ou de ses œuvres spécifiques, ni de dépeindre l'impact de son célèbre Hymne à Zeus. Au lieu de cela, nous explorerons en profondeur l'essence de son rôle dans la consolidation et la propagation du stoïcisme, soulignant son influence subtile mais profonde sur la pérennité de cette école de pensée.

Cléanthe se présente comme un pont crucial entre la fondation du stoïcisme par Zénon et son épanouissement ultérieur sous des figures telles que Chrysippe. Son rôle dans la transition et l'affirmation du stoïcisme est fondamental pour comprendre non seulement la nature de cette philosophie, mais aussi la manière dont elle a été interprétée, adaptée et transmise aux nouvelles générations de philosophes. En se focalisant sur les dimensions moins explorées de son influence, nous pouvons apprécier la portée de son impact au-delà des écrits et des doctrines formelles.

Ce regard approfondi sur Cléanthe nous invite à réfléchir sur la dynamique complexe de transmission des idées philosophiques et sur la manière dont les concepts stoïciens ont été préservés, transformés et enrichis au fil du temps. Il illustre également comment, dans le flux incessant des idées, certaines figures deviennent des catalyseurs de changement, non seulement par ce qu'ils enseignent explicitement, mais surtout par leur manière d'incarner et de vivre ces enseignements au quotidien. Ainsi, ce chapitre se propose de tisser les liens subtils entre la théorie et la pratique, entre l'enseignement académique et l'action concrète, pour montrer comment Cléanthe a véritablement incarné et ainsi solidifié le stoïcisme, préparant le terrain fertile pour ceux qui allaient suivre. Par ce biais, nous espérons offrir une compréhension renouvelée et approfondie de son rôle essentiel dans l'histoire du stoïcisme, une compréhension qui résonne avec une pertinence particulière pour le chercheur de sagesse moderne, confronté aux défis d'un monde en constante évolution.

## Biographie de Cléanthe

Cléanthe, figure emblématique et second pilier du stoïcisme après Zénon de Citium, vit le jour vers 331 av. J.-C. à Assos, une petite ville côtière de la Troade en Asie Mineure. Issu d'une famille modeste, Cléanthe fut confronté dès son plus jeune âge à des défis considérables, forgeant ainsi un caractère d'une résilience et d'une détermination exceptionnelles qui le distingueront tout au long de sa vie. Son parcours, jalonné d'épreuves et de triomphes, incarne de manière saisissante les principes fondamentaux de simplicité, d'endurance et de vertu prônés par la philosophie stoïcienne.

La jeunesse de Cléanthe à Assos reste largement méconnue, mais on peut imaginer une enfance marquée par le labeur et la frugalité, des expériences qui ont sans doute contribué à façonner sa vision du monde et sa future adhésion aux préceptes stoïciens. C'est animé d'une soif insatiable de connaissance et d'un désir ardent de sagesse que le jeune Cléanthe prit la décision audacieuse de quitter sa terre natale pour se rendre à Athènes, véritable épicentre de la pensée philosophique grecque. À son arrivée dans la cité athénienne, Cléanthe se trouva confronté à la dure réalité économique. Pour subvenir à ses besoins et financer ses études philosophiques, il dut se résoudre à travailler de nuit comme porteur d'eau, une tâche physiquement éprouvante qui lui valut le surnom évocateur de « Phréatès », littéralement « l'homme du puits ». Ce labeur nocturne, loin de le décourager, ne fit que renforcer sa détermination à poursuivre sa quête de sagesse. Avec une discipline remarquable, il consacrait ses journées à l'étude et à la philosophie, démontrant une capacité extraordinaire à concilier travail manuel et réflexion intellectuelle.

C'est dans ce contexte de lutte quotidienne que se produisit la rencontre déterminante entre Cléanthe et Zénon de Citium, le fondateur du stoïcisme. Cette rencontre allait non seulement transformer la vie de Cléanthe, mais aussi influencer profondément l'avenir de la philosophie stoïcienne. Sous la tutelle de Zénon, Cléanthe ne se contenta pas d'être un simple disciple ; il devint rapidement un héritier spirituel, assimilant et intériorisant les enseignements de son maître avec une profondeur et une authenticité remarquable.

Les premières années de Cléanthe à Athènes furent marquées par un dévouement total à l'apprentissage des doctrines de Zénon. Cependant, sa démarche allait bien au-delà de la simple assimilation théorique. Cléanthe se distinguait par une pratique rigoureuse et constante de la discipline personnelle, incarnant véritablement les principes stoïciens dans chaque aspect de sa vie quotidienne. Son ascétisme légendaire, sa rigueur dans l'exercice physique et son engagement inébranlable envers la maîtrise de soi ne tardèrent pas à attirer l'attention et le respect, non seulement de ses pairs, mais aussi de son mentor Zénon.

Cette cohérence remarquable entre ses paroles et ses actes, entre la théorie philosophique qu'il étudiait et la manière dont il menait sa vie, fit de Cléanthe un exemple vivant des vertus stoïciennes. Sa capacité à endurer les épreuves avec sérénité, à trouver de la noblesse dans le travail le plus humble, et à poursuivre inlassablement la sagesse malgré les obstacles, illustrait de manière éloquente la puissance pratique de la philosophie stoïcienne.

## Contributions au Stoïcisme

Cléanthe a joué un rôle crucial dans le développement et la consolidation du Stoïcisme, assurant une transition essentielle entre les fondations posées par Zénon et l'expansion ultérieure de cette philosophie par ses successeurs. Sa contribution au stoïcisme peut être envisagée à travers plusieurs aspects clés qui ont non seulement renforcé, mais aussi considérablement élargi la portée de cette école de pensée.

*1. Consolidation des enseignements de Zénon :*

Cléanthe s'est révélé être un gardien fidèle des enseignements de Zénon, tout en étant un interprète perspicace et un organisateur méthodique. Il s'est attaché avec une rigueur remarquable à systématiser et à clarifier les doctrines stoïciennes, les rendant plus structurées et donc plus facilement enseignables et transmissibles. Sous sa direction éclairée, le stoïcisme s'est forgé une identité plus définie et cohérente, avec une emphase renforcée sur la logique, la physique et l'éthique comme piliers fondamentaux de la philosophie stoïcienne.

Cette consolidation n'était pas une simple répétition des idées de Zénon, mais plutôt une réinterprétation créative et une organisation minutieuse. Cléanthe a pris soin d'examiner chaque aspect de l'enseignement de son maître, de le confronter à la réalité de son époque, et de le reformuler de manière à le rendre plus accessible et plus pertinent pour ses contemporains. Ce faisant, il a contribué à transformer le stoïcisme d'une école de pensée naissante en une philosophie robuste et cohérente, capable de résister à l'épreuve du temps et aux critiques de ses détracteurs.

Par exemple, Cléanthe a approfondi la notion stoïcienne de « vivre en accord avec la nature ». Là où Zénon avait posé les bases de ce concept, Cléanthe l'a développé en expliquant comment cette harmonie avec la nature se manifestait dans différents aspects de la vie quotidienne. Il a fourni des exemples concrets et des exercices pratiques pour aider ses disciples à incarner ce principe dans leur vie de tous les jours, renforçant ainsi l'applicabilité et la pertinence du stoïcisme pour un public plus large.

*2. Développement de la physique Stoïcienne :*

La contribution de Cléanthe à la physique stoïcienne est particulièrement significative, notamment en ce qui concerne la cosmologie et la théologie. Il a défendu et élaboré l'idée d'un univers régi par un logos divin, ou raison universelle, qui imprègne tout et guide l'ordre cosmique. Cette perspective a considérablement renforcé l'argument stoïcien selon lequel vivre en accord avec la nature équivaut à vivre en harmonie avec ce logos omniprésent.

Cléanthe a approfondi cette notion en proposant une vision de l'univers comme un organisme vivant, animé par une force divine rationnelle. Il a développé l'idée que cette force, qu'il identifiait souvent à Zeus, n'était pas une entité extérieure à l'univers, mais plutôt une présence immanente, une raison active qui gouverne et maintient l'ordre cosmique. Cette conception a eu des implications profondes sur la compréhension stoïcienne de la place de l'homme dans l'Univers. Selon Cléanthe, si l'Univers est gouverné par une raison divine, alors l'être humain, doté de raison, a la capacité et le devoir de s'aligner sur cette raison cosmique. Cette idée a renforcé le concept stoïcien de responsabilité individuelle et a fourni une base métaphysique solide pour l'éthique stoïcienne.

De plus, Cléanthe a approfondi la théorie stoïcienne des éléments, en accordant une importance particulière au feu comme principe actif de l'univers. Il a proposé l'idée que le feu cosmique, ou éther, était le véhicule du logos divin, reliant ainsi intimement la physique stoïcienne à sa théologie. Cette vision unifiée de l'univers a contribué à renforcer la cohérence interne du stoïcisme et à le distinguer d'autres écoles philosophiques de l'époque.

*3. Approfondissement de la logique Stoïcienne :*

Bien que la contribution de Cléanthe à la logique ne soit pas aussi détaillée ou aussi innovante que celle de ses prédécesseurs ou de ses successeurs, notamment Chrysippe, il a néanmoins joué un rôle important dans l'élaboration de cette discipline en tant qu'outil essentiel pour le discernement et la compréhension. Sa vision de la logique comme moyen de distinguer le vrai du faux a permis de cimenter la place de la raison au cœur de la pratique stoïcienne.

Cléanthe a insisté sur l'importance de la logique non seulement comme un exercice intellectuel abstrait, mais comme un outil pratique pour naviguer dans la complexité du monde. Il a souligné que la capacité à raisonner correctement était essentielle pour vivre une vie vertueuse et pour atteindre la sagesse stoïcienne.

Dans ses enseignements, Cléanthe a mis l'accent sur la relation entre la logique et l'éthique. Il a montré comment une pensée claire et rigoureuse était nécessaire pour faire des choix moraux éclairés. Par exemple, il a développé l'idée que la compréhension correcte des propositions conditionnelles (si… alors…) était cruciale pour comprendre les conséquences de nos actions et pour prendre des décisions éthiques.

De plus, Cléanthe a contribué à l'élaboration de la théorie stoïcienne de la connaissance. Il a défendu l'idée que nos perceptions, lorsqu'elles sont correctement comprises et analysées grâce à la logique, peuvent nous fournir une connaissance fiable du monde. Cette position épistémologique a renforcé la confiance stoïcienne dans la capacité de la raison humaine à comprendre et à s'aligner sur l'ordre rationnel de l'Univers.

## L' « Hymne à Zeus de Cléanthe » : Texte et analyse

### *Texte intégral de l' « Hymne à Zeus »*

*Ô Zeus, toi qui guides l'univers et qui règnes sur la nature,*
*qui tiens dans tes mains le flambeau brillant de l'éclair,*
*Toi, dont la voix tonne à travers les cieux, gouvernant par la loi toute chose,*
*Salut ! Car il est juste pour les mortels de t'adresser leur chant,*

*Toi, qui engendres toutes choses, qui fais tourner la vaste terre et qui maintiens son orbite,*
*Toi, Roi du ciel, dont le trône est dans les nuées obscures et orageuses.*
*Tout ce qui est accompli sur la terre, tout ce qui est fait parmi les dieux dans le ciel,*
*Est l'œuvre de tes mains.*
*Sans toi, rien n'est fait, ni dans les cieux divins, ni sur la mer, à l'exception de ce que les méchants accomplissent dans leur folie.*
*Mais tu sais rendre harmonieux ce qui est discordant, et ce qui est injuste, tu le rends juste.*
*Toi, dont la foudre maîtrise l'harmonie universelle,*
*Dans nos cœurs inscris ton pouvoir, et accorde-nous la vertu.*
*Donne-nous aussi la récompense de la piété,*
*Toi, notre défenseur, le plus grand des chefs, et le plus sage des rois.*
*Salut, roi, dont les desseins sont remplis de justice,*
*À toi seul la gloire de cet univers appartient, et nous te chantons en hymne pour toujours.*

**Analyse approfondie de l' « Hymne à Zeus »**

*1. La vision cosmologique stoïcienne*

L' « Hymne à Zeus » de Cléanthe est bien plus qu'une simple prière ou un acte de dévotion religieuse. Il s'agit d'une véritable déclaration philosophique qui encapsule l'essence de la cosmologie Stoïcienne. Dans ce texte, Zeus n'est pas seulement présenté comme le roi des dieux, mais comme l'incarnation du Logos - le principe rationnel qui ordonne et pénètre l'univers entier. Dès les premiers vers, Cléanthe établit Zeus comme le guide de l'univers et le souverain de la nature. Cette description reflète la conviction stoïcienne d'un cosmos gouverné par une raison divine immanente. L'image du « flambeau brillant de l'éclair » dans les mains de Zeus symbolise à la fois la puissance et l'omniprésence de cette raison divine dans tous les phénomènes naturels.

*2. L'ordre rationnel et la providence*

L'hymne souligne à plusieurs reprises l'idée d'un univers ordonné selon des lois rationnelles. Zeus est décrit comme celui qui gouverne « par la loi toute chose » et dont les desseins sont « remplis de justice ». Cette conception d'un ordre cosmique juste et rationnel est fondamentale dans la pensée stoïcienne.

De plus, l'affirmation que tout ce qui est accompli sur Terre et dans le ciel est l'œuvre de Zeus reflète la croyance stoïcienne en une providence divine. Selon cette vision, chaque événement dans l'univers, même ceux qui peuvent sembler négatifs ou chaotiques, fait partie d'un plan plus vaste et rationnel.

*3. L'unité du cosmos et l'interconnexion de toutes choses*

L'hymne présente une vision du monde où tout est interconnecté sous la gouvernance de Zeus. Cette unité est un concept clé du stoïcisme, qui considère l'univers comme un organisme vivant et unifié. La description de Zeus comme celui qui « fait tourner la vaste Terre et qui maintient son orbite » évoque cette idée d'un cosmos intégré et harmonieux.

*4. La vertu et l'alignement avec la nature*

Un passage crucial de l'hymne est la demande adressée à Zeus d'inscrire son pouvoir dans les cœurs des mortels et de leur accorder la vertu. Cette requête reflète l'importance centrale de la vertu dans l'éthique stoïcienne. Pour les Stoïciens, la vertu n'est pas un idéal abstrait, mais l'expression d'une vie en harmonie avec la raison universelle. En demandant à Zeus d'accorder la vertu, Cléanthe souligne que l'alignement de l'action humaine sur les lois de la nature est le chemin vers la sagesse et le bonheur (Eudaimonia). C'est cette harmonie qui, selon les Stoïciens, mène à la tranquillité de l'âme (ataraxie).

*5. Le rôle de l'être humain dans le cosmos*

L'hymne suggère que les êtres humains ont un rôle actif à jouer dans l'ordre cosmique. En s'adressant à Zeus et en lui demandant la vertu, Cléanthe implique que les humains ont la capacité de comprendre et de s'aligner sur la raison divine. Cette idée est fondamentale dans la philosophie stoïcienne, qui encourage ses adeptes à cultiver la sagesse et à vivre en accord avec la nature.

*6. La Réconciliation des contraires*

Un aspect intéressant de l'hymne est l'affirmation que Zeus sait « rendre harmonieux ce qui est discordant » et rendre juste ce qui est injuste. Cette idée reflète la croyance stoïcienne en un ordre cosmique qui transcende les apparentes contradictions et injustices du monde. Elle invite à une perspective plus large sur les événements, en accord avec la pratique stoïcienne de l'acceptation et de la résignation face aux circonstances extérieures.

**L'importance de l' « Hymne à Zeus » dans la philosophie stoïcienne**

*Un outil pédagogique puissant*

L'Hymne à Zeus sert d'outil didactique efficace pour transmettre les principes fondamentaux du stoïcisme. En utilisant le langage poétique et les images familières de la mythologie grecque, Cléanthe rend accessibles des concepts philosophiques complexes. Cette approche permet aux néophytes de saisir intuitivement l'idée d'un univers ordonné et rationnel, tout en offrant aux adeptes plus avancés matière à méditation profonde.

*Un guide pour l'éthique et la vertu*

Au-delà de son aspect théorique, l'hymne fournit un cadre pratique pour la vie éthique selon les préceptes stoïciens. Il encourage ses auditeurs à aligner leur comportement sur les lois naturelles, perçues comme l'expression de la raison divine. Cette dimension éthique fait de l'Hymne à Zeus un outil de développement personnel, incitant à la réflexion sur ses actions et à l'amélioration constante de soi-même en harmonie avec le cosmos.

*Un pont entre philosophie et spiritualité*

L'une des réussites majeures de l'Hymne à Zeus est sa capacité à transcender les clivages entre religion traditionnelle et pensée philosophique. En utilisant le langage de la dévotion religieuse tout en y insufflant un contenu philosophique profond, Cléanthe crée un terrain d'entente où croyants et penseurs peuvent se retrouver. Cette approche syncrétique a permis au stoïcisme de toucher un public bien plus large que les seuls cercles philosophiques.

*Un manifeste du cosmopolitisme stoïcien*

En présentant Zeus comme le souverain universel, l'hymne véhicule subtilement l'idéal cosmopolite cher aux Stoïciens. Il invite à concevoir l'humanité comme une grande famille unie sous l'égide d'une raison divine commune. Ce message de fraternité universelle a joué un rôle crucial dans l'élaboration de l'éthique stoïcienne, nourrissant une vision du monde où chaque individu est appelé à se considérer comme citoyen du cosmos.

*Une source d'inspiration intemporelle*

Bien que composé il y a plus de deux millénaires, l'Hymne à Zeus continue d'inspirer la réflexion philosophique et spirituelle. Sa vision d'un univers ordonné et bienveillant offre un contrepoint intéressant aux angoisses de notre époque. Les thèmes qu'il aborde : la quête de sens, l'harmonie avec la nature, la responsabilité éthique résonnent encore fortement dans les débats contemporains, faisant de ce texte une source d'inspiration toujours pertinente.

# Chapitre 3

# Chrysippe de Soles – L'Architecte du Stoïcisme

## L'Artisan de la cohérence stoïcienne

Au cœur de l'évolution du stoïcisme se dresse une figure dont l'importance transcende ses contributions individuelles : Chrysippe de Soles. Plutôt que de se concentrer sur ses apports spécifiques à la logique ou sur les détails de sa biographie, ce chapitre vise à mettre en lumière le rôle crucial de Chrysippe en tant qu'architecte conceptuel du Stoïcisme.

Chrysippe émerge non pas simplement comme un philosophe parmi d'autres, mais comme un véritable pivot intellectuel. Il incarne le pont entre les fondations posées par ses prédécesseurs et les développements futurs de la philosophie stoïcienne. Son génie réside dans sa capacité à synthétiser, à clarifier et à systématiser un corpus de pensées encore en formation.

## Le catalyseur d'une philosophie en mouvement

L'époque hellénistique, caractérisée par un bouillonnement intellectuel sans précédent, offrait un terrain fertile pour l'épanouissement des idées. Dans ce contexte, Chrysippe s'est révélé être bien plus qu'un simple penseur : il fut un véritable catalyseur philosophique. Sa force ne résidait pas uniquement dans la production de nouvelles idées, mais dans sa capacité exceptionnelle à donner forme et cohérence à un ensemble de concepts parfois disparates.

L'influence de Chrysippe s'est manifestée à travers sa remarquable aptitude à :

1. *Interpréter et intégrer :* Il a su décoder les enseignements de Zénon et de Cléanthe, les interprétant à la lumière des défis intellectuels de son époque.

2. *Systématiser et structurer :* Chrysippe a élaboré un cadre conceptuel robuste, transformant des idées éparses en un système philosophique cohérent.

3. *Anticiper et adapter :* Sa pensée ne se limitait pas à consolider l'existant ; elle ouvrait également des voies pour les développements futurs du stoïcisme.

**L'Héritage dynamique de Chrysippe**

L'héritage de Chrysippe ne se mesure pas simplement à l'aune de ses écrits ou de ses arguments spécifiques, mais à la manière dont il a façonné la transmission et l'évolution du stoïcisme. Son travail a jeté les bases d'une philosophie capable de s'adapter et de résonner à travers les siècles.

Quelques aspects clés de cet héritage incluent :

- *La clarification doctrinale :* Chrysippe a affiné et précisé de nombreux concepts stoïciens, les rendant plus accessibles et applicables.

- *L'élargissement du champ philosophique :* Il a étendu la portée du stoïcisme en l'appliquant à un éventail plus large de questions éthiques et métaphysiques.

- *Le renforcement de la logique stoïcienne :* Bien que ce chapitre ne se concentre pas sur ses contributions spécifiques à la logique, il est important de noter que son travail dans ce domaine a renforcé l'ensemble de l'édifice philosophique stoïcien.

**Chrysippe comme miroir de son époque**

En examinant le rôle de Chrysippe, nous gagnons également un aperçu précieux de la dynamique intellectuelle de l'époque hellénistique. Son œuvre reflète :

1. *L'esprit de synthèse* caractéristique de cette période, où diverses traditions philosophiques se rencontraient et s'influençaient mutuellement.

2. *Le désir de rigueur intellectuelle,* illustré par ses efforts pour créer un système philosophique logiquement cohérent.

3. *L'aspiration à une philosophie pratique,* capable de guider la vie quotidienne tout en répondant aux grandes questions existentielles.

**L'architecte visionnaire**

Chrysippe de Soles émerge ainsi non pas comme un simple maillon dans la chaîne de transmission du stoïcisme, mais comme son véritable architecte. Son génie réside dans sa capacité à avoir construit un édifice philosophique à la fois solide dans ses fondations et flexible dans ses applications futures.

En comprenant Chrysippe comme un pivot central dans l'évolution du Stoïcisme, nous sommes mieux équipés pour apprécier la richesse et la profondeur de cette philosophie. Son travail nous rappelle que la grandeur d'un penseur ne se mesure pas seulement à ses idées originales, mais aussi à sa capacité à donner forme, cohérence et pérennité à un corpus de pensées.

L'héritage de Chrysippe continue de résonner dans le stoïcisme moderne, nous invitant à considérer cette philosophie non pas comme un ensemble de dogmes figés, mais comme un système de pensée vivant, capable de s'adapter et de répondre aux défis de chaque époque.

**Chrysippe de Soles : Vie, œuvres et contributions philosophiques**

*L'ascension d'un géant philosophique*

Né vers 280 av. J.-C. dans la cité côtière de Soles en Cilicie (actuelle Turquie), Chrysippe de Soles a tracé un parcours intellectuel qui allait redéfinir le paysage philosophique de l'Antiquité. Son chemin vers le stoïcisme fut à la fois le fruit du hasard et de la détermination.

*Des débuts modestes à l'éminence philosophique*

- Jeunesse et formation initiale : Peu est connu des premières années de Chrysippe, mais on sait qu'il quitta sa ville natale pour Athènes, le centre intellectuel du monde hellénistique.

- Rencontre avec le Stoïcisme : À Athènes, Chrysippe fut d'abord attiré par l'Académie platonicienne. Cependant, une rencontre fortuite avec les enseignements stoïciens changea le cours de sa vie.
- Étudiant de Cléanthe : Devenu l'élève de Cléanthe, alors chef de l'école stoïcienne, Chrysippe se distingua rapidement par son intelligence vive et sa capacité à saisir et développer les concepts les plus complexes.
- Ascension à la tête de l'École : À la mort de Cléanthe vers 230 av. J.-C., Chrysippe, alors âgé d'environ 50 ans, prit la direction de l'école stoïcienne, devenant ainsi son troisième scholarque.

*Une œuvre monumentale*

L'ampleur de la production littéraire de Chrysippe est légendaire, même pour les standards prolifiques de l'Antiquité.

*Un corpus impressionnant*

- Volume extraordinaire : On attribue à Chrysippe la rédaction de plus de 700 ouvrages, un chiffre qui témoigne non seulement de sa productivité, mais aussi de l'étendue de ses intérêts intellectuels.
- Diversité thématique : Ses écrits couvraient un large éventail de sujets, allant de la logique formelle à l'éthique pratique, en passant par la physique, la cosmologie, et la théologie.

*La perte tragique d'un héritage écrit*

Malheureusement, la quasi-totalité de l'œuvre de Chrysippe a été perdue au fil des siècles. Notre connaissance de ses écrits repose principalement sur :

- Des citations et des références dans les œuvres d'autres auteurs anciens.
- Des fragments préservés dans des papyrus ou des inscriptions.
- Des résumés et commentaires élaborés par des philosophes et historiens ultérieurs.

Cette perte rend d'autant plus remarquable l'étendue de son influence sur la pensée philosophique occidentale.

*Contributions philosophiques Majeures*

L'impact de Chrysippe sur le stoïcisme et la philosophie en général fut profond et durable. Ses contributions couvrent plusieurs domaines clés :

*Révolution en logique*

Chrysippe est considéré comme l'un des plus grands logiciens de l'Antiquité. Ses innovations incluent :

- Logique propositionnelle : Il développa une forme avancée de logique propositionnelle qui préfigure à bien des égards la logique moderne.
- Théorie des conditionnels : Chrysippe élabora des théories sophistiquées sur les propositions conditionnelles, explorant leurs implications logiques et sémantiques.
- Formalisation des règles de déduction : Il établit un système rigoureux de règles d'inférence, renforçant ainsi la base argumentative du stoïcisme.

Ces avancées en logique ont non seulement fourni aux Stoïciens des outils puissants pour défendre leurs doctrines, mais ont aussi influencé le développement de la logique formelle pendant des siècles.

*Physique et cosmologie intégrée*

Dans le domaine de la physique et de la cosmologie, Chrysippe approfondit et raffina la vision panthéiste du stoïcisme :

- Le logos omniprésent : Il conceptualisa le cosmos comme étant animé par une raison divine (Logos) omniprésente, à la fois force créatrice et principe organisateur.

- Déterminisme cosmique : Chrysippe développa une théorie du déterminisme causal, où chaque événement est lié à des causes antérieures dans une chaîne ininterrompue. Lien micro-macrocosmique : Il établit une connexion profonde
- entre l'âme humaine et le cosmos, renforçant l'idéal stoïcien de vivre en harmonie avec la nature.

*Éthique fondée sur la raison*

L'approche de Chrysippe en matière d'éthique a marqué un tournant important dans la pensée stoïcienne :

- Primauté de la Connaissance : Il plaça la connaissance au cœur de la quête de la vertu, arguant que la sagesse est la clé d'une vie vertueuse.
- Théorie des Passions : Selon Chrysippe, les passions résultent d'erreurs de jugement et peuvent donc être corrigées par l'application de la raison.
- Suffisance de la Vertu : Il soutient que la Vertu, en tant que forme de connaissance, est suffisante pour atteindre le bonheur (eudaimonia).

Cette perspective intellectualiste de l'éthique a rendu la philosophie stoïcienne plus accessible et applicable à la vie quotidienne, tout en fournissant une base théorique solide pour ses préceptes moraux.

*L'héritage durable de Chrysippe*

L'influence de Chrysippe s'étend bien au-delà de son époque :

- Consolidation du Stoïcisme : Il est souvent considéré comme le « second fondateur » du stoïcisme, ayant donné à cette philosophie sa forme la plus systématique et aboutie.
- Influence sur les Stoïciens ultérieurs : Ses idées ont profondément marqué les Stoïciens romains comme Épictète, Marc Aurèle et Sénèque, qui ont popularisé et adapté sa pensée.

- Impact sur la philosophie occidentale : Le travail de systématisation de
  Chrysippe a assuré la pérennité du Stoïcisme, en faisant une force philosophique
  majeure qui continue d'influencer la pensée occidentale jusqu'à nos jours.

*L'architecte visionnaire du Stoïcisme*

En examinant la vie et l'œuvre de Chrysippe, nous comprenons pourquoi il mérite le
titre d'architecte du stoïcisme. Sa capacité à synthétiser, approfondir et systématiser
les enseignements de ses prédécesseurs, combinée à ses propres innovations
intellectuelles, a véritablement façonné le Stoïcisme tel que nous le connaissons.

L'héritage de Chrysippe nous rappelle que la grandeur philosophique ne réside pas
seulement dans l'originalité des idées, mais aussi dans la capacité à construire un
système de pensée cohérent et durable. Son travail continue d'inspirer et d'informer la
réflexion philosophique moderne, démontrant la vitalité et la pertinence continues du
stoïcisme dans notre quête de sagesse et de vertu.

## Le développement de la logique stoïcienne

Chrysippe de Soles, philosophe grec du IIIe siècle avant J.-C., est souvent reconnu
comme le principal architecte de la logique stoïcienne. Son travail a non seulement
grandement enrichi ce domaine, mais l'a aussi formalisé d'une manière qui
influencerait durablement la pensée philosophique. Sa profonde réflexion sur la
logique et ses applications pratiques ont marqué un tournant décisif pour le stoïcisme,
en fournissant des outils intellectuels essentiels pour le développement de la doctrine
stoïcienne.

*Contexte historique*

Pour comprendre l'importance des innovations de Chrysippe, il est crucial de les
situer dans leur contexte historique. Le IIIe siècle avant J.-C. était une période de
grande effervescence intellectuelle dans le monde hellénistique. Les écoles
philosophiques rivalisaient d'ingéniosité pour établir leurs doctrines et réfuter celles
de leurs adversaires. C'est dans ce climat de débat intense que Chrysippe a développé
et affiné la logique stoïcienne, en partie pour répondre aux défis posés par les
épicuriens et les sceptiques qui remettaient en question les fondements du stoïcisme.

*Fondements de la logique Stoïcienne*

La logique stoïcienne, avant Chrysippe, était déjà un domaine d'étude et de réflexion, mais c'est avec lui qu'elle a atteint une sophistication remarquable. Chrysippe a considéré la logique non seulement comme un outil pour le débat philosophique, mais aussi comme un moyen essentiel pour comprendre la nature et pour pratiquer l'éthique. Selon les Stoïciens, la logique est l'une des trois parties de la philosophie, avec la physique et l'éthique, chacune étant interdépendante.

**Innovations et approfondissements**

*Propositions et arguments*

Chrysippe a énormément contribué à la théorie des propositions, en particulier avec le développement de la notion de proposition conditionnelle, qui est au cœur de la logique moderne. Il a distingué les propositions simples des propositions composées, ces dernières incluant des conditionnels qui sont des if-then statements (si-alors) en termes modernes. Ces innovations ont permis des argumentations plus précises et ont formé la base de ce qui serait plus tard connu sous le nom de syllogistique stoïcienne. L'influence de ces travaux sur la logique propositionnelle moderne est considérable. Par exemple, les opérateurs logiques tels que l'implication ($\rightarrow$) et la conjonction (   ) trouvent leurs racines dans les propositions conditionnelles et composées de Chrysippe.

*Logique modale et nécessité*

Un autre apport significatif de Chrysippe à la logique stoïcienne concerne la logique modale, qui traite des notions de possibilité et de nécessité. Il a exploré comment certaines vérités sont nécessaires, tandis que d'autres sont seulement possibles, et a appliqué cette compréhension à des arguments complexes, enrichissant ainsi la discussion philosophique sur la détermination et le libre arbitre.

*Déduction et validité*

Chrysippe a aussi formalisé les règles de la déduction valide, qui permettent de déterminer quand un argument est logiquement correct. Il a développé des tests pour évaluer la validité des conclusions basées sur des prémisses données, établissant ainsi un cadre pour ce que nous appelons aujourd'hui l'inférence valide.

**Comparaison avec d'autres systèmes logiques**

La logique stoïcienne de Chrysippe se distingue de la logique aristotélicienne sur plusieurs points. Alors qu'Aristote se concentrait principalement sur la syllogistique catégorique, Chrysippe a développé une logique propositionnelle plus flexible. Cette approche lui a permis de traiter des arguments plus complexes et variés, notamment ceux impliquant des relations causales et temporelles.

*Applications pratiques*

L'application de la logique à l'éthique et à la compréhension du monde naturel était centrale dans la pensée de Chrysippe. Par exemple, IL utilisait la logique pour analyser la nature du destin et de la responsabilité morale. Un argument célèbre, connu sous le nom d'argument paresseux, illustre comment Chrysippe employait la logique pour réfuter le fatalisme tout en maintenant une forme de déterminisme compatible avec la responsabilité individuelle.

*Impact et importance*

Le travail de Chrysippe sur la logique a eu un impact profond non seulement sur le Stoïcisme, mais aussi sur la logique occidentale en général. Ses méthodes de raisonnement logique ont été adoptées et adaptées par d'autres écoles philosophiques et ont continué à être enseignées bien après la période hellénistique.

Le développement de la logique stoïcienne par Chrysippe a également renforcé la capacité des stoïciens à défendre leurs doctrines contre les critiques des autres écoles philosophiques, notamment les épicuriens et les sceptiques, qui contestaient souvent les fondements logiques du stoïcisme.

*Héritage et transmission*

Malgré la perte de la plupart des écrits originaux de Chrysippe, ses idées ont survécu grâce aux commentaires et aux critiques de philosophes ultérieurs, tant stoïciens que non-stoïciens. Des penseurs comme Cicéron, Sénèque et Marc-Aurèle ont contribué à préserver et à transmettre les concepts clés de la logique stoïcienne. Au Moyen Âge, les travaux de logiciens comme Boèce ont assuré la continuité de certains aspects de la logique stoïcienne dans la tradition occidentale.

*Limites et critiques*

Malgré son influence considérable, la logique stoïcienne n'était pas sans détracteurs. Les sceptiques, en particulier, remettaient en question la possibilité même d'une connaissance certaine, défiant ainsi les fondements épistémologiques sur lesquels reposait la logique stoïcienne. De plus, certains critiques modernes ont souligné que la logique stoïcienne, bien qu'innovante, était parfois moins systématique que la logique aristotélicienne, ce qui a pu limiter son développement ultérieur.

En somme, l'élaboration de la logique stoïcienne par Chrysippe représente une avancée cruciale dans l'histoire de la philosophie. En affinant les outils de la logique, Chrysippe a non seulement consolidé le Stoïcisme comme une école de pensée robuste et respectée, mais a aussi posé les bases d'une tradition logique qui influencerait la pensée occidentale pendant des siècles. Son travail continue d'être étudié et apprécié pour sa profondeur et son ingéniosité, témoignant de l'importance durable de la logique dans la quête philosophique de la vérité et de la compréhension.

## Impact et critiques de la logique stoïcienne de Chrysippe

La logique stoïcienne, élaborée par Chrysippe, a laissé une empreinte indélébile sur le paysage philosophique, non seulement dans l'Antiquité, mais aussi dans les siècles qui suivirent. Son influence s'est étendue bien au-delà des frontières du Stoïcisme, touchant divers domaines de la pensée et de la société.

*Impact sur la philosophie et la pensée*

Chrysippe, par son travail méticuleux, a non seulement consolidé les fondements du Stoïcisme, mais a également transformé cette école de pensée en un système philosophique robuste et cohérent. Sa logique, d'une rigueur exceptionnelle, a servi de rempart contre les assauts intellectuels des écoles rivales, notamment les Épicuriens, les Académiciens et les Sceptiques. L'apport de Chrysippe à la logique a été crucial pour étayer la vision stoïcienne du monde. Il a fourni des outils conceptuels permettant de défendre l'idée que la nature et le cosmos sont régis par le logos, un terme grec signifiant

« raison universelle » ou « principe ordonnateur ». Cette conception d'un univers rationnel et déterministe est devenue une pierre angulaire de la pensée stoïcienne.

La sophistication de la logique Chrysippéenne a entraîné des répercussions bien au-delà du cercle stoïcien. Elle a été adoptée et adaptée par d'autres courants philosophiques, influençant des domaines aussi variés que la théologie chrétienne et la jurisprudence romaine. Par exemple, ses réflexions sur la causalité et le déterminisme ont alimenté les débats théologiques sur des questions aussi fondamentales que la prédestination et le libre arbitre.

Dans le domaine de l'éducation, l'impact de Chrysippe a été tout aussi significatif. Sa logique est devenue un pilier de l'enseignement dans les Écoles de rhétorique de Rome et d'Athènes. Elle y était enseignée comme base de l'argumentation, formant ainsi des générations d'orateurs et de penseurs. Cette diffusion a permis au Stoïcisme de s'implanter durablement dans l'esprit des élites intellectuelles de l'époque.

L'influence de la logique stoïcienne s'est manifestée de manière particulièrement frappante chez certaines figures historiques éminentes. Des personnalités telles que Sénèque, conseiller de l'empereur Néron, Épictète, philosophe esclave affranchi, et Marc Aurèle, empereur-philosophe, ont toutes été profondément marquées par les enseignements stoïciens, y compris la logique de Chrysippe. Leurs écrits et leurs actions ont contribué à propager ces idées bien au-delà des cercles philosophiques, les intégrant dans la vie politique et sociale de l'Empire romain.

*Critiques et controverses*

Malgré son influence considérable, la logique stoïcienne n'a pas échappé aux critiques. Ces remises en question sont venues aussi bien des contemporains de Chrysippe que des philosophes des époques ultérieures.

Les Épicuriens, par exemple, s'opposaient fermement à l'idée stoïcienne selon laquelle la logique était un pilier fondamental de la philosophie. Pour eux, la connaissance devait se fonder sur la sensation et l'expérience directe plutôt que sur des raisonnements abstraits. Cette divergence reflétait une opposition plus profonde entre deux visions du monde : l'une basée sur la raison et l'autre sur l'empirisme.

Les Sceptiques, quant à eux, remettaient en question la prétention des stoïciens à atteindre une certitude absolue par le biais de la logique. Leur approche, fondée sur le doute systématique, entrait en conflit direct avec l'assurance stoïcienne en matière de connaissance.

La logique propositionnelle de Chrysippe, bien que reconnue pour sa sophistication, a également fait l'objet de critiques. Certains la jugeaient trop complexe et abstraite, éloignée des préoccupations quotidiennes des individus. Les détracteurs arguaient que les syllogismes conditionnels, éléments clés de cette logique, manquaient d'utilité pratique dans la vie de tous les jours.

D'autres philosophes ont pointé du doigt ce qu'ils percevaient comme des incohérences dans le système logique stoïcien, particulièrement dans son interaction avec la doctrine stoïcienne des émotions et du désir. Selon Chrysippe, toutes les émotions découlent d'erreurs de jugement. Cependant, cette affirmation soulevait une question épineuse : si la sagesse implique l'élimination de ces erreurs de jugement, ne devrait-elle pas, par conséquent, conduire à l'élimination de toutes les émotions ? Cette conclusion semblait en contradiction avec l'expérience humaine commune, où même les individus les plus sages continuent à éprouver des émotions.

En conclusion, l'héritage de la logique stoïcienne de Chrysippe est à la fois riche et complexe. Son influence a été profonde et durable, façonnant non seulement le Stoïcisme mais aussi d'autres domaines de la pensée et de la culture. Cependant, comme toute théorie philosophique influente, elle a suscité des débats et des critiques qui ont contribué à l'évolution de la réflexion philosophique. Ces échanges intellectuels ont permis d'approfondir notre compréhension de la logique et de son rôle dans la quête de la connaissance humaine. Ils nous rappellent que même les systèmes de pensée les plus rigoureux sont sujets à l'examen critique, un processus qui enrichit et fait progresser la philosophie dans son ensemble.

# Chapitre 4

## Les Stoïciens mineurs : Une exploration approfondie

L'histoire de la philosophie stoïcienne est souvent dominée par les grandes figures fondatrices telles que Zénon de Citium, Cléanthe d'Assos et Chrysippe de Soles. Cependant, une multitude de penseurs moins connus, mais tout aussi essentiels, ont contribué à l'évolution et à la transmission de cette école de pensée influente. Ces philosophes, que l'on pourrait qualifier de « Stoïciens mineurs », ont joué un rôle crucial dans le développement et la propagation du stoïcisme à travers les siècles et les cultures.

### L'importance des Stoïciens mineurs

Les Stoïciens mineurs, bien que moins célèbres que leurs prédécesseurs, ont apporté des contributions significatives à la philosophie stoïcienne. Leur importance réside dans leur capacité à adapter et à appliquer les principes stoïciens à des contextes sociaux, culturels et politiques en constante évolution. Ces penseurs ont non seulement préservé l'héritage de leurs maîtres, mais ils ont également enrichi la doctrine stoïcienne en l'étendant à de nouveaux domaines de réflexion et d'application pratique.

*Figures notables*

Parmi ces Stoïciens mineurs, on peut citer des personnalités telles que :

1. Arrien de Nicomédie : Bien qu'il soit principalement connu comme l'auteur des « Entretiens » d'Épictète, Arrien a joué un rôle crucial dans la préservation et la transmission des enseignements stoïciens.

2. Musonius Rufus : Souvent appelé le « Socrate romain », Musonius Rufus s'est distingué par ses réflexions sur l'éthique pratique et l'éducation.

3. Hécaton de Rhodes : Disciple de Panétius, Hécaton a contribué de manière significative à l'éthique stoïcienne, notamment sur les questions de devoir et de vertu.

4. Diogène de Babylone : Successeur de Chrysippe à la tête de l'école stoïcienne d'Athènes, Diogène a joué un rôle essentiel dans la consolidation et la diffusion du stoïcisme.

**Contributions et innovations**

Les Stoïciens mineurs ont apporté des innovations significatives dans plusieurs domaines :

1. Éthique appliquée : Ils ont mis l'accent sur l'application pratique des principes stoïciens dans la vie quotidienne, rendant la philosophie plus accessible au grand public.

2. Pédagogie : Certains comme Musonius Rufus, ont développé des méthodes d'enseignement novatrices, insistant sur l'importance de la pratique et de l'exemple personnel.

3. Psychologie : Ils ont approfondi l'étude des émotions et des passions, proposant des techniques pour cultiver la tranquillité d'esprit et la résilience face aux adversités.

4. Politique et cosmopolitisme : Plusieurs Stoïciens mineurs ont réfléchi sur le rôle du philosophe dans la société et ont promu l'idée d'une citoyenneté mondiale.

**L'héritage des Stoïciens mineurs**

L'influence des Stoïciens mineurs s'est étendue bien au-delà de leur époque. Leurs écrits et leurs enseignements ont contribué à façonner la pensée des philosophes ultérieurs, tant dans l'Antiquité qu'à l'époque moderne. Leur approche pragmatique de la philosophie a rendu le stoïcisme plus accessible et applicable, ce qui explique en partie la résurgence de l'intérêt pour cette école de pensée dans le monde contemporain.

Les Stoïciens mineurs, loin d'être des figures secondaires, ont joué un rôle crucial dans l'évolution et la pérennité du Stoïcisme. Leur travail de réflexion, d'adaptation et de transmission a permis à cette philosophie de transcender les époques et les cultures. En étudiant leurs contributions, nous pouvons mieux comprendre la richesse et la profondeur de la pensée stoïcienne, ainsi que sa pertinence continue dans notre monde moderne.

### Antipater de Tarse

Antipater de Tarse, philosophe stoïcien éminent du IIe siècle avant notre ère, a marqué de son empreinte l'histoire de la pensée antique. Né dans la cité cosmopolite de Tarse, en Cilicie, il a grandi dans un carrefour culturel où se mêlaient influences grecques, orientales et anatoliennes. Cette diversité a sans doute nourri sa curiosité intellectuelle et sa capacité à synthétiser différentes idées, qualités qui allaient se révéler cruciales dans son parcours philosophique.

*Formation et ascension*

Jeune homme avide de connaissances, Antipater quitte sa ville natale pour Athènes, berceau de la philosophie grecque. Là, il devient l'élève de Diogène de Babylone, figure majeure du Stoïcisme de l'époque. Sous sa tutelle, Antipater s'imprègne des principes fondamentaux de cette école de pensée, tout en développant sa propre réflexion critique. Son intelligence vive et sa rigueur intellectuelle le distinguent rapidement parmi ses pairs, le préparant à assumer un rôle de premier plan dans la tradition stoïcienne.

À la mort de Diogène, Antipater prend naturellement la tête de l'école stoïcienne d'Athènes. Son mandat est marqué par un renouveau de la doctrine, avec un accent particulier mis sur l'éthique. Il approfondit et affine les concepts clés du stoïcisme, les rendant plus accessibles et pertinents pour ses contemporains. Sa pensée se caractérise par une approche pragmatique de la philosophie, cherchant à offrir des outils concrets pour mener une vie vertueuse dans un monde en mutation.

*Contributions philosophiques majeures*

L'une des contributions majeures d'Antipater à la philosophie stoïcienne réside dans son élaboration de la théorie des indifférents. Selon cette conception, certains éléments de la vie - comme la richesse, la santé ou la réputation - ne sont ni intrinsèquement bons ni mauvais, mais simplement « indifférents » du point de vue de la vertu. Antipater soutient que le sage doit transcender ces considérations pour se concentrer uniquement sur la poursuite de l'excellence morale. Cette idée, bien que déjà présente dans le Stoïcisme ancien, gagne en subtilité et en profondeur sous sa plume.

Antipater s'est également illustré dans les débats philosophiques de son temps, notamment face aux Épicuriens. Il défend avec vigueur la position stoïcienne selon laquelle le bonheur véritable découle de la vertu, et non du plaisir sensuel. Ses arguments, empreints de logique et d'éloquence, renforcent la crédibilité du Stoïcisme face aux écoles rivales.

*Influence et héritage*

L'influence d'Antipater s'étend bien au-delà de son cercle immédiat. Parmi ses élèves figure Panétios de Rhodes, qui jouera un rôle crucial dans l'introduction et l'adaptation du stoïcisme à Rome. Ainsi, Antipater devient un maillon essentiel dans la chaîne de transmission qui fera du stoïcisme l'une des philosophies dominantes du monde romain.

Le contexte historique dans lequel évolue Antipater est celui d'un déclin relatif d'Athènes en tant que centre culturel. Face à cette réalité, il œuvre à maintenir la vitalité intellectuelle de la cité, tout en préparant le terrain pour l'expansion géographique du stoïcisme. Sa vision cosmopolite, héritée peut-être de ses origines tarsaises, contribue à faire du Stoïcisme une philosophie capable de transcender les frontières culturelles.

*Postérité et pertinence contemporaine*

Malheureusement, une grande partie de l'œuvre écrite d'Antipater a été perdue au fil des siècles. Nous ne connaissons sa pensée que par des fragments et des témoignages indirects. Néanmoins, son impact sur l'évolution du Stoïcisme reste indéniable. Il a su consolider les fondements de cette école tout en l'ouvrant à de nouvelles perspectives. L'héritage d'Antipater de Tarse continue de résonner dans la philosophie contemporaine. Sa réflexion sur la nature du bien et du mal, sur la place de l'individu dans le cosmos, et sur la quête de la sagesse face aux aléas de la vie, garde toute sa pertinence. Dans un monde en quête de repères éthiques, la pensée d'Antipater offre des pistes de réflexion fécondes pour quiconque cherche à mener une vie en accord avec la raison et la vertu.

En conclusion, Antipater de Tarse apparaît comme une figure charnière du stoïcisme, à la fois gardien d'une tradition et innovateur audacieux. Son œuvre, bien que partiellement obscurcie par le temps, demeure une source d'inspiration pour les philosophes et les penseurs en quête d'une sagesse pratique et universelle.

**Panétios de Rhodes**

Panétios de Rhodes, né vers 185 av. J.-C. à Rhodes, est devenu une figure centrale dans la transition du stoïcisme de la Grèce à Rome. Élève d'Antipater de Tarse, Panétios est souvent crédité d'avoir revitalisé le stoïcisme en adaptant ses principes pour les rendre pertinents et applicables à la société romaine, influençant ainsi profondément la pensée de nombreux leaders et penseurs romains.

*Contributions philosophiques*

*Adaptation du Stoïcisme à la culture romaine :* Panétios a été particulièrement reconnu pour son approche pragmatique du stoïcisme. Conscient des différences culturelles entre les Grecs et les Romains, il a adapté l'enseignement stoïcien pour qu'il résonne mieux avec l'esprit public et privé de Rome. Cela comprenait l'accentuation des aspects du stoïcisme qui valorisaient le devoir public, la loyauté et la justice, des vertus très estimées dans la République romaine.

*Éthique et responsabilité civique :* L'un des aspects les plus notables de l'enseignement de Panétios était son interprétation de l'éthique stoïcienne en termes de responsabilité civique. Il a articulé une version du stoïcisme qui non seulement promouvait la vertu personnelle et la sagesse, mais aussi la participation active à la vie politique et sociale, alignant ainsi le stoïcisme avec les idéaux romains de gouvernance et de service public.

*Influence sur les leaders romains :* Panétios était un conseiller respecté parmi les élites romaines et ses idées ont été particulièrement influentes sur des figures telles que Scipion Émilien et Laelius, qui étaient des acteurs clés de la scène politique romaine de l'époque. À travers ses interactions avec ces leaders, Panétios a réussi à intégrer le Stoïcisme dans les fondements éthiques et philosophiques de Rome.

*Héritage et impact*

*Transmission des idées stoïciennes :* Panétios est souvent vu comme le père du « Nouveau Stoïcisme », une forme de la philosophie qui a fait le pont entre les mondes intellectuels grec et romain. Ses enseignements ont aidé à former la base du stoïcisme impérial, qui serait plus tard adopté par des figures comme Sénèque, Épictète et Marc Aurèle.

*Œuvres et écrits :* Bien que beaucoup de ses écrits soient perdus, l'œuvre de Panétios a survécu à travers les citations et les références de ses contemporains et des penseurs postérieurs. Son traité le plus célèbre, « Sur les Devoirs », qui est perdu, a influencé grandement Cicéron, qui a écrit son propre « De Officiis »(Des devoirs ou Des obligations), s'inspirant largement des idées de Panétios.

En résumé, Panétios de Rhodes a non seulement continué à développer la philosophie stoïcienne, mais a aussi joué un rôle déterminant dans son introduction et son adaptation à la culture romaine. Son influence sur le stoïcisme et sur la pensée romaine en général a façonné de manière indélébile la trajectoire de cette école philosophique.

### Posidonius : Le Stoïcien polymathe

Posidonius, souvent appelé Posidonius d'Apamée, né vers 135 av. J.-C. et décédé vers 51 av. J.-C., est une figure emblématique du stoïcisme de la période hellénistique tardive. Originaire d'Apamée en Syrie, il a étudié à Athènes avant de s'établir à Rhodes où il a établi sa propre école. Connu pour sa vaste érudition, Posidonius a influencé non seulement la philosophie, mais aussi les sciences naturelles et les sciences humaines.

*Contributions philosophiques et scientifiques*

*Intégration des disciplines scientifiques et philosophiques :* Posidonius est célèbre pour son approche holistique de la connaissance, intégrant la philosophie, l'astronomie, la géographie et la météorologie dans ses études. Il a considéré que la compréhension du monde naturel était indispensable pour la compréhension de la condition humaine, une idée qui préfigurait les approches modernes interdisciplinaires.

*Travaux en géographie et astronomie :* En géographie, Posidonius a été l'un des premiers à tenter de calculer la circonférence de la Terre par des méthodes scientifiques, influençant des géographes ultérieurs comme Strabon et Ptolémée. Ses observations astronomiques, notamment sur les éclipses et les cycles lunaires, ont contribué à la précision des calendriers et des calculs astronomiques de son temps.

*Impact sur le Stoïcisme et la philosophie*

*Éthique et nature humaine :* Dans le domaine de la philosophie, Posidonius a développé la théorie stoïcienne des passions, qui a marqué un tournant par rapport aux enseignements de ses prédécesseurs. Il a soutenu que les émotions ont une base physiologique et ne résultent pas uniquement d'erreurs de jugement, une vue qui a introduit une complexité accrue dans la compréhension stoïcienne de la psychologie humaine.

*Influence sur la pensée romaine :* Posidonius a été extrêmement influent dans les cercles intellectuels romains. Ses idées ont été largement diffusées par ses nombreux étudiants, qui comprenaient des figures comme Cicéron et Pompée. À travers ses écrits et ses conférences, il a contribué à façonner la pensée romaine, en particulier dans l'adoption du stoïcisme par l'élite romaine.

*Héritage et postérité*

*Transmission des idées stoïciennes :* Bien que la plupart de ses œuvres soient perdues, l'influence de Posidonius sur la philosophie et les sciences a perduré à travers les siècles. Ses théories sur les émotions et ses recherches interdisciplinaires ont posé les bases de développements ultérieurs dans la psychologie et les sciences naturelles.

*Philosophe de la Renaissance :* Posidonius est souvent considéré comme un « philosophe de la Renaissance » avant l'heure, grâce à son insistance sur l'importance de la science empirique et à son approche globale de l'éducation et de la connaissance. Son héritage demeure un témoignage puissant de l'interconnexion entre la philosophie, la science, et l'humanisme.

En somme, Posidonius d'Apamée a enrichi le stoïcisme en y intégrant des éléments scientifiques et en approfondissant la compréhension des émotions humaines. Sa vie et son œuvre illustrent comment la philosophie peut englober divers domaines de la connaissance pour enrichir notre compréhension du monde et de nous-mêmes.

# Chapitre 5
# Le Stoïcisme à Rome

L'arrivée et l'épanouissement du Stoïcisme à Rome marquent un tournant décisif dans l'histoire de cette école philosophique. Initialement née sur le sol grec, la pensée stoïcienne a trouvé dans la civilisation romaine un terreau particulièrement propice à son développement et à son rayonnement. Ce chapitre se propose d'explorer comment le stoïcisme, avec ses principes fondamentaux de logique, de physique et d'éthique, s'est non seulement adapté, mais aussi profondément enraciné dans la culture romaine, influençant durablement la pensée, la politique et la littérature de l'Empire.

## Le contexte de l'implantation du Stoïcisme à Rome

L'introduction du Stoïcisme à Rome s'inscrit dans un contexte plus large d'hellénisation de la culture romaine. Au IIe siècle avant notre ère, alors que Rome étend son influence sur le monde grec, les idées et les philosophies hellénistiques commencent à circuler dans les cercles intellectuels romains. Le stoïcisme, avec son accent mis sur la vertu, le devoir et la maîtrise de soi, trouve un écho particulier auprès de l'élite romaine, dont les valeurs traditionnelles de discipline et de service à l'État résonnent avec les préceptes stoïciens.

Panétios de Rhodes, disciple d'Antipater de Tarse, joue un rôle crucial dans cette transition. En adaptant le stoïcisme aux sensibilités romaines, il parvient à le rendre plus accessible et attrayant pour les Romains. Son influence sur des figures comme Scipion Émilien contribue à ancrer le stoïcisme dans les plus hautes sphères de la société romaine.

## L'évolution du Stoïcisme dans le contexte romain

À mesure que le Stoïcisme s'implante à Rome, il connaît des évolutions significatives. Les philosophes romains, tout en conservant les principes fondamentaux du Stoïcisme, les adaptent aux réalités de leur société. L'accent est davantage mis sur l'éthique pratique et l'application des principes stoïciens dans la vie quotidienne et dans la sphère politique.

Cette période voit également une plus grande emphase sur l'introspection et le développement personnel. Les Stoïciens romains, confrontés aux complexités de la vie publique et aux vicissitudes du pouvoir, développent une réflexion approfondie sur la nature de la vertu dans un monde souvent hostile aux idéaux philosophiques.

**Figures emblématiques du Stoïcisme romain**

Trois personnalités se distinguent particulièrement dans l'histoire du stoïcisme romain, chacune apportant une contribution unique à la philosophie :

### 1. Sénèque : Le Stoïcien dans l'arène du pouvoir

Lucius Annaeus Seneca, plus connu sous le nom de Sénèque, occupe une place unique dans l'histoire de la philosophie et de la littérature romaines. Né vers 4 av. J.-C. à Cordoue, en Hispanie (l'actuelle Espagne), et décédé en 65 apr. J.-C., sa vie traverse une période tumultueuse de l'histoire romaine, englobant les règnes des empereurs Auguste, Tibère, Caligula, Claude et Néron. Figure complexe et parfois controversée, Sénèque incarne la tension entre l'idéal stoïcien et les réalités du pouvoir impérial romain.

*Jeunesse et formation*

Issu d'une famille de rang équestre, Sénèque grandit dans un environnement privilégié, imprégné de culture et d'ambition. Son père, Sénèque l'Ancien, était un célèbre rhéteur, ce qui a sans doute influencé l'orientation initiale du jeune Sénèque vers l'art oratoire. Envoyé à Rome pour parfaire son éducation, il y étudie la rhétorique, le droit et la philosophie, s'intéressant particulièrement au stoïcisme sous l'influence de maîtres tels qu'Attale et Sotion.

Dès sa jeunesse, Sénèque est confronté à des défis de santé, notamment l'asthme, qui le pousse à adopter un régime de vie austère. Cette expérience précoce de la fragilité physique contribue probablement à son attrait pour la philosophie stoïcienne, avec son accent sur l'endurance et la maîtrise de soi.

*Ascension et revers de fortune*

La carrière de Sénèque est marquée par des fluctuations spectaculaires entre le succès et l'adversité. Ses talents d'orateur et d'écrivain lui valent rapidement une réputation dans les cercles intellectuels et politiques de Rome. Cependant, cette notoriété s'accompagne de dangers. Sous le règne de Caligula, il échappe de peu à l'exécution, sa popularité ayant éveillé la jalousie de l'empereur. Le règne de Claude apporte un nouveau revers. En 41 apr. J.-C., Sénèque est exilé en Corse, accusé d'adultère avec Julia Livilla, la nièce de l'empereur. Cet exil, qui durera huit ans, est une période cruciale dans l'évolution de sa pensée philosophique. C'est durant cette période qu'il écrit plusieurs de ses traités philosophiques, dont « De la Consolation à Helvia », adressé à sa mère, où il explore comment la philosophie peut apporter du réconfort dans l'adversité.

*Le Précepteur de Néron*

Le retour en grâce de Sénèque survient en 49 apr. J.-C., lorsqu'il est rappelé à Rome pour devenir le précepteur du jeune Néron, futur empereur. Cette nomination marque le début de la période la plus influente de sa carrière. Lorsque Néron accède au trône en 54, Sénèque devient l'un de ses principaux conseillers, aux côtés de Burrus, le préfet du prétoire. Les premières années du règne de Néron, souvent appelées le « quinquennium Neronis », sont généralement considérées comme une période de bon gouvernement, largement attribuée à l'influence modératrice de Sénèque et Burrus. Durant cette période, Sénèque tente d'appliquer les principes stoïciens à la gouvernance de l'empire, promouvant des politiques de clémence et de justice.

*L'œuvre philosophique et littéraire*

L'œuvre de Sénèque est vaste et variée, couvrant la philosophie, la science naturelle et le théâtre. Ses écrits philosophiques, en particulier, ont eu une influence durable. Parmi ses œuvres majeures, on peut citer :

1. Les Dialogues : Une série de traités abordant des thèmes stoïciens classiques tels que la colère, la tranquillité de l'âme, la brièveté de la vie et la providence.

2. Les Lettres à Lucilius : Une collection de 124 lettres adressées à son ami Lucilius, offrant des conseils pratiques sur la vie selon les principes stoïciens.

3. De Clementia (Sur la Clémence) : Un traité adressé à Néron, exhortant l'empereur à gouverner avec clémence et sagesse.

4. Naturales Quaestiones : Une exploration des phénomènes naturels, reflétant l'intérêt de Sénèque pour la science et la nature.

Dans ses écrits, Sénèque adapte le stoïcisme au contexte romain, mettant l'accent sur l'application pratique de la philosophie dans la vie quotidienne. Il insiste particulièrement sur la maîtrise de soi, la vertu comme seul vrai bien, et l'acceptation du destin.

*Le style de Sénèque*

Le style littéraire de Sénèque est caractérisé par sa clarté, sa concision et son éloquence. Il excelle dans l'utilisation de maximes frappantes et de métaphores vivantes pour illustrer des concepts philosophiques complexes. Cette approche a contribué à rendre le Stoïcisme plus accessible à un public plus large, au-delà des cercles philosophiques traditionnels.

*Les contradictions de Sénèque*

La vie de Sénèque n'est pas exempte de contradictions. Bien que prônant une vie simple et vertueuse dans ses écrits, il amasse une fortune considérable et vit dans le luxe. Sa proximité avec le pouvoir impérial, en particulier son rôle auprès de Néron, a souvent été critiquée comme incompatible avec ses idéaux stoïciens. Ces contradictions ont alimenté des débats sur l'intégrité de Sénèque, tant de son vivant que dans les siècles qui ont suivi.

*La chute et la mort*

La relation entre Sénèque et Néron se détériore progressivement, surtout après la mort de Burrus en 62 apr. J.-C. Sénèque tente de se retirer de la vie publique, mais reste impliqué dans les affaires de l'Empire. En 65, il est accusé de participation à la conspiration de Pison contre Néron.

Bien que la véracité de ces accusations reste discutable, Néron ordonne à Sénèque de se suicider. La mort de Sénèque, décrite en détail par Tacite, est devenue emblématique de la dignité stoïcienne face à l'adversité. Il affronte la mort avec calme et résolution, discourant sur la vertu et la philosophie jusqu'à ses derniers moments.

*L'héritage de Sénèque*

L'influence de Sénèque s'étend bien au-delà de son époque. Ses écrits ont joué un rôle crucial dans la transmission et l'interprétation du stoïcisme aux générations futures. Son emphase sur l'éthique pratique et sa capacité à rendre la philosophie accessible ont inspiré des penseurs à travers les siècles, de la Renaissance à nos jours.

Sénèque a également influencé le développement de la tragédie et de la littérature morale. Ses pièces de théâtre, bien que rarement jouées aujourd'hui, ont eu un impact significatif sur le théâtre de la Renaissance et du Baroque.

La vie et l'œuvre de Sénèque offrent un aperçu fascinant de l'intersection entre philosophie, pouvoir et moralité dans l'Empire romain. Ses écrits continuent d'offrir des réflexions profondes sur la nature humaine, l'éthique et la recherche de la sagesse dans un monde souvent hostile aux idéaux philosophiques. Malgré les contradictions de sa vie, ou peut-être à cause d'elles, Sénèque reste une figure incontournable du stoïcisme romain, dont l'héritage continue d'influencer la pensée occidentale.

## 2. Épictète : De l'esclavage à la liberté philosophique

Épictète, né vers 50 apr. J.-C. à Hiérapolis en Phrygie (actuelle Turquie) et mort vers 135 apr. J.-C., est l'une des figures les plus remarquables et influentes du stoïcisme romain. Son parcours extraordinaire, de l'esclavage à la renommée en tant que philosophe et enseignant, incarne de manière saisissante les principes stoïciens de liberté intérieure et de vertu face à l'adversité.

*Jeunesse et esclavage*

Les premières années de la vie d'Épictète sont marquées par l'esclavage. Né dans une famille d'esclaves ou réduit en esclavage très jeune, il est amené à Rome pour servir Epaphrodite, un affranchi puissant de l'empereur Néron. Cette expérience de privation de liberté physique forge profondément sa conception de la liberté et du bonheur, qui deviendront centrales dans sa philosophie.

Malgré son statut d'esclave, Épictète a la chance exceptionnelle d'accéder à l'éducation. Son maître, reconnaissant ses capacités intellectuelles, lui permet d'assister aux cours du célèbre philosophe stoïcien Musonius Rufus. Cette formation devient le fondement de sa pensée philosophique future.

*Affranchissement et début d'enseignement*

Affranchi dans des circonstances mal connues, probablement après la mort de Néron en 68 apr. J.-C., Épictète gagne sa liberté physique. Il commence alors à enseigner la philosophie à Rome, attirant rapidement des disciples par son éloquence et la profondeur de sa pensée.

Cependant, son succès est interrompu en 89 apr. J.-C. lorsque l'empereur Domitien, méfiant envers les philosophes qu'il perçoit comme une menace potentielle, les bannit de Rome et d'Italie. Ce revers, loin de le décourager, pousse Épictète à s'établir à Nicopolis, en Épire (Grèce actuelle), où il fonde une école qui devient célèbre dans tout l'Empire romain.

*La philosophie d'Épictète*

La pensée d'Épictète se caractérise par son accent mis sur l'éthique pratique et la liberté intérieure. Ses enseignements principaux peuvent être résumés en quelques points clés :

1. La distinction entre ce qui dépend de nous et ce qui n'en dépend pas : C'est le cœur de la philosophie d'Épictète. Il enseigne que le bonheur et la liberté véritables viennent de la reconnaissance de ce qui est sous notre contrôle (nos jugements, nos désirs, nos actions) et de ce qui ne l'est pas (les événements extérieurs, les actions des autres).

2. L'importance de la discipline intérieure : Épictète insiste sur la nécessité de maîtriser ses désirs et ses aversions, d'utiliser correctement ses représentations mentales, et d'agir de manière réfléchie et vertueuse.

3. L'acceptation du destin : Il prône l'acceptation sereine de ce qui arrive, considérant que tous les événements font partie d'un ordre cosmique rationnel (le logos des stoïciens).

4. La vertu comme seul véritable bien : Pour Épictète, la vertu est le seul bien réel, et le vice le seul mal. Tout le reste (richesse, santé, réputation) est indifférent du point de vue moral.

5. L'importance de l'éducation et de la pratique : Épictète met l'accent sur la nécessité d'une pratique constante pour intégrer les principes philosophiques dans sa vie quotidienne.

*Méthode d'enseignement et influence*

La méthode pédagogique d'Épictète est caractérisée par son approche directe et parfois provocatrice. Il utilise souvent des exemples concrets de la vie quotidienne et des analogies frappantes pour illustrer ses points. Son enseignement est oral, et ce n'est que grâce à son disciple Arrien que nous connaissons ses idées.

Arrien a compilé les enseignements d'Épictète dans deux ouvrages majeurs :

1. Les Entretiens : Une collection de discussions philosophiques qui donnent un aperçu détaillé de la pensée d'Épictète et de sa méthode d'enseignement.

2. Le Manuel (Encheiridion) : Un résumé concis des principes essentiels de la philosophie d'Épictète, destiné à servir de guide pratique pour la vie quotidienne.

*Influence et héritage*

L'influence d'Épictète s'étend bien au-delà de son époque. Ses enseignements ont profondément marqué le stoïcisme tardif, notamment à travers l'empereur Marc Aurèle, qui le cite fréquemment dans ses « Pensées pour moi-même ».

À travers les siècles, la philosophie d'Épictète a continué d'inspirer penseurs et leaders. Son accent sur la liberté intérieure et la responsabilité personnelle a trouvé un écho particulier dans la pensée occidentale moderne. Des figures aussi diverses que l'amiral James Stockdale, prisonnier de guerre au Vietnam, et le psychologue

Albert Ellis, fondateur de la thérapie rationnelle-émotive, ont reconnu leur dette envers Épictète.

Dans le domaine de la psychologie moderne, les idées d'Épictète ont influencé le développement de la thérapie cognitivo-comportementale, en particulier l'idée que nos émotions et nos comportements sont largement déterminés par nos perceptions et interprétations des événements.

Épictète incarne de manière unique la puissance transformatrice de la philosophie stoïcienne. Son parcours de l'esclavage à la renommée philosophique illustre de manière vivante les principes qu'il enseignait : que la vraie liberté réside dans l'esprit, que la vertu est le seul bien véritable, et que chacun a le pouvoir de vivre une vie digne et épanouie, quelles que soient les circonstances extérieures.

La simplicité et la profondeur de ses enseignements continuent de résonner avec force dans notre monde moderne, offrant des outils précieux pour faire face aux défis de la vie avec résilience et dignité. L'héritage d'Épictète témoigne de la puissance durable des idées philosophiques et de leur capacité à transcender le temps et les cultures pour éclairer et inspirer l'humanité.

### 3. Marc Aurèle : L'Empereur philosophe

Né Marcus Annius Verus le 26 avril 121 apr. J.-C., Marc Aurèle incarne l'idéal platonicien du « roi-philosophe ». Son accession au trône impérial en 161 marque le début d'un règne marqué par des défis constants, qu'il affronte avec une sagesse stoïcienne remarquable.

*Formation et ascension*

Issu d'une famille patricienne, Marc Aurèle reçoit une éducation privilégiée sous la tutelle de maîtres réputés. Parmi eux, le philosophe Apollonius de Chalcédoine joue un rôle crucial en l'initiant aux préceptes du stoïcisme. Cette école de pensée, fondée par Zénon de Citium, façonnera profondément sa vision du monde et son approche du pouvoir.

Son adoption par l'empereur Antonin Le Pieux, orchestrée par Hadrien, le place sur la voie de la succession impériale. À la mort d'Antonin en 161, Marc Aurèle pose un geste sans précédent en partageant le pouvoir avec son frère adoptif Lucius Verus, illustrant ainsi sa conception collaborative du gouvernement.

*Un règne tumultueux*

Le règne de Marc Aurèle est marqué par une succession de crises. Sur le plan militaire, l'Empire doit faire face aux incursions des Parthes à l'Est et aux pressions des tribus germaniques le long du Danube. Ces conflits incessants contraignent l'empereur à passer de longues périodes sur les frontières, loin de Rome.

Malgré ces difficultés, Marc Aurèle s'efforce d'appliquer les principes stoïciens à sa gouvernance. Il cherche constamment l'équilibre entre fermeté et clémence, justice et miséricorde. Ses réformes juridiques visent à rendre le droit romain plus équitable et accessible à tous les citoyens de l'Empire, indépendamment de leur statut social.

*Une œuvre philosophique majeure*

C'est au cœur de ces tourments que Marc Aurèle rédige ses célèbres « Pensées pour moi-même », également connues sous le titre de « Méditations ». Ce recueil de réflexions personnelles, écrit en grec, offre un aperçu fascinant de l'esprit d'un homme confronté aux plus hautes responsabilités tout en aspirant à la sagesse.

Dans ces écrits, Marc Aurèle aborde des thèmes universels tels que la brièveté de la vie, l'acceptation du destin, et l'importance de vivre en harmonie avec la nature. Il y développe une philosophie pratique, centrée sur la maîtrise de soi et le devoir envers la communauté. Ses réflexions sur le pouvoir et la responsabilité révèlent un dirigeant profondément conscient des limites de son autorité et de son obligation morale envers ses sujets.

*Un héritage durable*

Le règne de Marc Aurèle prend fin avec sa mort en 180 apr. J.-C., probablement des suites d'une épidémie lors d'une campagne militaire. Son fils Commode lui succède, inaugurant une période de déclin pour l'Empire romain.

Néanmoins, l'influence de Marc Aurèle perdure bien au-delà de son époque. Ses « Méditations » continuent d'inspirer des lecteurs à travers les siècles, offrant des leçons de sagesse applicables à toutes les époques. Son exemple d'un dirigeant s'efforçant de concilier pouvoir et vertu reste un modèle pour de nombreux leaders contemporains.

L'héritage de Marc Aurèle s'étend également au domaine artistique. Son règne voit une renaissance de l'art classique, comme en témoigne la célèbre statue équestre en bronze qui le représente, aujourd'hui conservée aux Musées du Capitole à Rome.

Marc Aurèle demeure une figure fascinante de l'histoire, incarnant la rencontre rare entre le pouvoir suprême et la quête de sagesse. Son règne, bien que marqué par des difficultés constantes, illustre la possibilité d'exercer l'autorité avec compassion et réflexion. Ses écrits continuent d'offrir des perspectives précieuses sur la nature humaine, le devoir et la recherche du bien commun, faisant de lui non seulement un empereur remarquable, mais aussi un guide spirituel intemporel.

# Chapitre 6
## Thèmes et concepts clés du Stoïcisme

Le Stoïcisme, philosophie hellénistique fondée par Zénon de Citium, offre un cadre de pensée riche et complexe pour appréhender l'existence humaine. Ce chapitre explore les concepts fondamentaux de cette école, en mettant en lumière des aspects moins connus mais essentiels qui façonnent sa vision du monde et de la place de l'homme dans l'univers.

### *L'Oikeiôsis :* Le processus d'appropriation

Un concept central mais souvent négligé du stoïcisme est l'oikeiôsis, terme grec difficile à traduire qui désigne le processus par lequel un être vivant s'approprie sa propre constitution et, par extension, le monde qui l'entoure. Pour les Stoïciens, ce processus est à la base du développement moral de l'individu.

L'oikeiôsis commence dès la naissance, lorsque l'être vivant prend conscience de lui-même et cherche à préserver sa propre existence. Au fur et à mesure de son développement, cette conscience de soi s'étend à sa famille, sa communauté, et ultimement à l'humanité tout entière. C'est ce processus qui fonde le cosmopolitisme stoïcien, l'idée que nous sommes tous citoyens du monde. Ce concept illustre comment, pour les Stoïciens, la morale n'est pas un ensemble de règles imposées de l'extérieur, mais un développement naturel de notre propre conscience. Il explique aussi comment l'éthique stoïcienne peut à la fois prôner l'amour de soi et le dévouement au bien commun.

### *La Théorie des Rôles*

Un autre aspect important du stoïcisme est la théorie des rôles, ou prosôpon. Selon cette théorie, chaque individu joue plusieurs rôles dans sa vie - parent, enfant, citoyen, professionnel - et la vertu consiste à jouer ces rôles au mieux de ses capacités.

Cette approche offre un cadre pratique pour naviguer les complexités de la vie sociale et résoudre les conflits potentiels entre différentes responsabilités. Elle souligne également l'importance de comprendre sa place dans le grand ordre des choses, tout en s'efforçant d'exceller dans les tâches qui nous sont assignées.

La théorie des rôles est intimement liée à la notion stoïcienne de devoir ou kathekon. Elle suggère que nos obligations morales découlent naturellement de notre position dans la société et de nos relations avec les autres.

*Le Logos et la raison universelle*

Le concept de Logos, souvent traduit par « raison » ou « principe rationnel », est central dans la cosmologie stoïcienne. Pour les Stoïciens, le Logos est le principe divin qui imprègne et gouverne l'univers entier. Il est à la fois la loi naturelle qui régit le cosmos et la raison qui habite chaque être humain.

Cette conception a des implications profondes. Elle suggère une unité fondamentale entre l'humain et le cosmos, entre la raison individuelle et l'ordre universel. Pour les Stoïciens, vivre selon la nature signifie aligner sa propre raison sur ce logos universel.

Le concept de logos explique aussi l'importance que les stoïciens accordent à la rationalité et à la maîtrise des émotions. Si nous participons tous de cette raison universelle, alors cultiver notre rationalité est le moyen par excellence de vivre en harmonie avec la nature.

*La discipline de l'assentiment*

Parmi les disciplines pratiques du stoïcisme, la discipline de l'assentiment (sunkatathesis) occupe une place centrale. Cette pratique consiste à examiner consciemment nos impressions et nos jugements avant de leur donner notre assentiment.

Pour les Stoïciens, la plupart de nos souffrances proviennent non pas des événements eux-mêmes, mais de nos jugements sur ces événements. La discipline de l'assentiment nous apprend à suspendre notre jugement, à examiner nos impressions de manière critique, et à ne donner notre accord qu'à celles qui sont conformes à la raison et à la vertu.

Cette pratique est au cœur de la psychologie stoïcienne. Elle offre un moyen concret de cultiver la tranquillité d'esprit (ataraxia) et la constance (apatheia) que recherchent les sages stoïciens.

Ces concepts - l'oikeiôsis, la théorie des rôles, le logos, et la discipline de l'assentiment - forment une partie intégrante mais souvent méconnue de la philosophie stoïcienne. Ensemble, ils offrent une vision cohérente de la place de l'homme dans l'univers et de la voie vers une vie vertueuse.

En explorant ces aspects moins discutés du Stoïcisme, nous gagnons une compréhension plus profonde de cette philosophie influente. Nous voyons comment elle cherche à harmoniser l'individu avec la société et le cosmos, offrant un cadre éthique qui reste pertinent face aux défis de la vie moderne.

**La vertu est suffisante pour le bonheur**

*Paradoxes et défis de la doctrine Stoïcienne*

La conception stoïcienne selon laquelle la vertu seule suffit au bonheur est à la fois puissante et controversée. Elle soulève de nombreux paradoxes et défis qui méritent une exploration plus approfondie.

*Le paradoxe de l'indifférence*

Un des aspects les plus frappants de la doctrine stoïcienne est son insistance sur l'indifférence morale de tout ce qui n'est pas la vertu. Santé, richesse, réputation - tous ces éléments que la plupart des gens considèrent comme essentiels au bonheur sont classés par les stoïciens comme « indifférents » (adiaphora).

Ce point de vue peut sembler contre-intuitif, voire absurde à première vue. Comment peut-on être véritablement heureux si l'on est gravement malade ou dans une pauvreté extrême ? Les stoïciens répondent que ces conditions peuvent certainement être préférables ou non préférables, mais qu'elles n'affectent pas le bonheur fondamental qui découle de la vertu.

Cette position soulève des questions importantes sur la nature du bonheur et sur ce qui constitue vraiment une vie épanouie. Elle nous invite à repenser nos priorités et à examiner ce qui, en fin de compte, détermine notre bien-être.

*Le défi de l'accessibilité*

Un autre défi majeur de la doctrine stoïcienne est la question de l'accessibilité de la vertu. Si seul le sage parfaitement vertueux peut atteindre le bonheur, et si, comme le prétendaient certains stoïciens, un tel sage n'a peut-être jamais existé, cela ne rend-il pas le bonheur inaccessible pour la grande majorité des gens ?

Cette question a conduit à des débats au sein même de l'école Stoïcienne. Certains, comme Panétius, ont adopté une approche plus modérée, reconnaissant des degrés de vertu et de bonheur. D'autres ont maintenu une position plus radicale, arguant que même le progrès vers la vertu apporte une forme de contentement.

Ce débat soulève des questions cruciales sur la nature de la vertu et du progrès moral. Peut-on vraiment parler de degrés de vertu, ou est-ce une qualité absolue ? Et si le bonheur parfait n'est accessible qu'au sage parfait, quelle consolation la philosophie stoïcienne peut-elle offrir au commun des mortels ?

*La tension entre individualisme et devoir social*

La doctrine stoïcienne de la suffisance de la vertu pour le bonheur peut sembler promouvoir un certain individualisme moral. Si mon bonheur ne dépend que de ma propre vertu, pourquoi devrais-je me soucier du bien-être des autres ou m'engager dans la vie sociale et politique ?

Pourtant, les Stoïciens insistent sur l'importance des devoirs sociaux et sur l'idée que nous sommes tous membres d'une communauté universelle. Cette tension entre l'autosuffisance morale et le devoir social est un aspect fascinant de la pensée stoïcienne qui continue de résonner dans les débats éthiques contemporains.

*Le problème de la motivation*

Si la vertu est vraiment le seul bien, et si elle est suffisante pour le bonheur, pourquoi devrions-nous nous soucier d'autre chose ? Cette question soulève le problème de la motivation dans l'éthique stoïcienne. Comment les stoïciens peuvent-ils justifier la poursuite d'objectifs « préférables » comme la santé ou la prospérité, tout en maintenant qu'ils sont moralement indifférents ?

Ce paradoxe a conduit à des discussions sophistiquées sur la nature de l'action appropriée (kathêkon) et sur la manière dont nous devrions nous comporter dans le monde, même si notre bonheur ultime ne dépend pas des résultats de nos actions.

La doctrine stoïcienne de la suffisance de la vertu pour le bonheur est loin d'être simple ou sans controverse. Elle soulève des questions profondes sur la nature du bonheur, de la vertu, et de la vie bonne. Ces paradoxes et défis ne sont pas simplement des problèmes théoriques à résoudre, mais des invitations à réfléchir profondément sur nos propres valeurs et sur ce qui constitue vraiment une vie épanouie.

En explorant ces tensions au sein de la pensée stoïcienne, nous gagnons non seulement une meilleure compréhension de cette philosophie ancienne, mais aussi des outils précieux pour naviguer les complexités éthiques de notre propre époque. Le stoïcisme, avec ses paradoxes et ses défis, continue d'offrir un cadre riche pour réfléchir à ce que signifie vivre une vie bonne et heureuse.

## La nature de la logique et de la raison

La compréhension stoïcienne de la logique et de la raison est profonde et multidimensionnelle, allant bien au-delà de leur utilisation comme simples outils de raisonnement. Pour les Stoïciens, ces concepts sont intrinsèquement liés à la structure même de l'univers et à la nature humaine.

*La logique comme reflet de l'Ordre cosmique*

Pour les Stoïciens, la logique n'est pas seulement une création humaine, mais un reflet de l'ordre rationnel qui sous-tend l'univers entier. Ils considèrent que le cosmos est gouverné par le Logos, un principe rationnel divin, et que la logique humaine est notre moyen d'accéder à cette rationalité cosmique.

Cette vision a des implications profondes. Elle suggère que lorsque nous raisonnons correctement, nous ne faisons pas simplement manipuler des symboles abstraits, mais nous nous alignons sur la structure fondamentale de la réalité. Par exemple, lorsqu'un Stoïcien utilise la logique pour comprendre les lois de la nature, il ne crée pas ces lois, mais découvre l'ordre inhérent à l'univers.

*La raison comme participation au divin*

Dans la pensée stoïcienne, la raison humaine n'est pas simplement une capacité cognitive, mais une participation directe au Logos divin. Cette idée a des conséquences profondes sur la façon dont les Stoïciens conçoivent la nature humaine et notre place dans le cosmos.

Pour un Stoïcien, exercer sa raison n'est pas seulement un acte intellectuel, mais une forme de communion avec le divin. C'est pourquoi ils accordent une telle importance à la cultivation de la raison à travers l'étude de la philosophie et la pratique de la vertu. Chaque acte de raisonnement correct est vu comme une affirmation de notre nature divine et une participation à l'ordre cosmique.

*La dialectique et la recherche de la Vérité*

Les Stoïciens ont développé une branche sophistiquée de la logique appelée dialectique. Contrairement à la simple déduction, la dialectique stoïcienne est conçue comme un processus dynamique de questionnement et de réfutation visant à atteindre la vérité.

Cette approche de la logique n'est pas seulement un exercice académique, mais un moyen de purifier nos jugements et d'atteindre une compréhension plus profonde de la réalité. Par exemple, lorsqu'un stoïcien examine ses propres croyances à travers la dialectique, il ne cherche pas simplement à les justifier, mais à les soumettre à un examen rigoureux pour s'assurer qu'elles sont en accord avec la raison universelle.

*La logique comme fondement de l'Éthique*

Pour les stoïciens, la logique n'est pas séparée de l'éthique, mais en est le fondement nécessaire. Ils considèrent que pour agir de manière éthique, nous devons d'abord être capables de raisonner correctement sur ce qui est bon et mauvais. Cette connexion entre logique et éthique se manifeste dans la pratique stoïcienne de l'examen des représentations (phantasiai). Avant de donner son assentiment à une impression, un stoïcien l'examine logiquement pour déterminer si elle est conforme à la raison et à la vertu. Par exemple, face à une situation qui provoque de la colère, un

Stoïcien utiliserait la logique pour examiner si cette colère est justifiée et conforme à la vertu, plutôt que de réagir impulsivement.

*La raison comme voie vers l'Ataraxie*

Ultimement, pour les stoïciens, la maîtrise de la logique et l'exercice de la raison sont des moyens d'atteindre l'ataraxie, ou tranquillité de l'âme. Ils croient que la plupart de nos troubles émotionnels proviennent de jugements erronés, et que la raison est l'outil qui nous permet de corriger ces jugements.

Par exemple, la peur de la mort, selon les Stoïciens, provient d'un jugement erroné sur la nature de la mort. En utilisant la raison pour comprendre que la mort est un processus naturel et inévitable, un Stoïcien peut atteindre une acceptation sereine de sa mortalité.

La conception stoïcienne de la logique et de la raison est remarquablement riche et intégrée. Elle lie ces capacités cognitives à la structure de l'univers, à notre nature divine, à notre quête de vérité, à notre comportement éthique et à notre paix intérieure.

Cette vision holistique offre une perspective unique sur le rôle de la rationalité dans la vie humaine. Elle suggère que cultiver notre capacité à raisonner n'est pas seulement un moyen d'améliorer nos compétences intellectuelles, mais une voie vers une vie plus harmonieuse, plus éthique, et plus sereine.

Dans un monde où la raison est souvent vue comme froide et détachée, le stoïcisme nous rappelle que, correctement comprise et pratiquée, la rationalité peut être une source profonde de sens, de vertu, et de paix intérieure.

## Le contrôle des émotions et le détachement : Piliers de la sagesse Stoïcienne

La philosophie stoïcienne, fondée à Athènes par Zénon de Citium au IIIe siècle avant J.-C., place le contrôle des émotions et le détachement au cœur de sa doctrine. Ces concepts, loin d'être de simples techniques de gestion du stress, constituent les fondements d'une approche globale de l'existence visant à atteindre la sagesse et le bonheur véritable.

*La nature des émotions selon les Stoïciens*

Pour comprendre la perspective stoïcienne sur le contrôle des émotions, il est crucial de saisir leur conception unique de la nature même des émotions. Contrairement à la vision populaire qui considère les émotions comme des réactions spontanées et incontrôlables, les Stoïciens les voient comme le résultat de jugements cognitifs. Selon cette théorie, chaque émotion se compose de deux éléments distincts :

1. Une impression initiale (phantasia)

2. Un jugement (krisis) sur cette impression

Par exemple, lorsque nous ressentons de la peur, ce n'est pas simplement une réaction instinctive à un stimulus. C'est plutôt le résultat d'un jugement rapide que nous portons sur une situation, la considérant comme dangereuse ou menaçante.

Cette compréhension des émotions comme produits de nos jugements est révolutionnaire, car elle implique que nous avons un degré de contrôle sur nos réactions émotionnelles que nous ne soupçonnons pas habituellement.

*Le Rôle du Détachement*

Le détachement, ou apatheia en grec, est souvent mal compris. Il ne s'agit pas d'une indifférence froide ou d'une suppression des émotions, mais plutôt d'une forme de liberté intérieure. L'objectif est de se libérer de l'emprise des passions irrationnelles qui peuvent perturber notre jugement et notre tranquillité d'esprit.

Pour illustrer ce concept, prenons l'exemple d'un Stoïcien confronté à la perte d'un être cher. Le détachement stoïcien ne signifie pas qu'il ne ressentirait aucune tristesse. Au contraire, il reconnaîtrait pleinement la perte tout en maintenant une perspective plus large. Il pourrait se rappeler que la mort fait partie intégrante de la vie, que la personne décédée a vécu une vie pleine, et que la vraie valeur réside dans les souvenirs et les leçons partagés, plutôt que dans la présence physique continue. Ce détachement permet de ressentir la tristesse sans être submergé par elle, offrant ainsi la possibilité d'honorer la mémoire du défunt de manière constructive et rationnelle.

*La pratique du Contrôle Émotionnel*

Le contrôle des émotions dans le stoïcisme n'est pas une suppression, mais une transformation. Il s'agit d'apprendre à répondre aux situations de manière réfléchie plutôt que réactive. Voici quelques techniques stoïciennes pour cultiver ce contrôle :

1. La préméditation des maux (praemeditatio malorum) : Cette pratique consiste à envisager à l'avance les difficultés potentielles. En se préparant mentalement aux défis, on réduit leur impact émotionnel lorsqu'ils surviennent réellement.

2. L'examen de conscience quotidien : Chaque soir, un stoïcien réfléchit à sa journée, analysant ses réactions émotionnelles et identifiant les domaines d'amélioration.

3. La vue d'en haut (view from above) : Cette technique invite à prendre du recul et à considérer les événements dans une perspective cosmique plus large, réduisant ainsi leur importance apparente.

4. La distinction entre ce qui dépend de nous et ce qui n'en dépend pas : En se concentrant uniquement sur ce qui est sous notre contrôle, on évite les frustrations inutiles liées aux circonstances externes.

*Le détachement comme voie vers la liberté*

Le détachement stoïcien, loin d'être une fuite de la réalité, est une forme d'engagement plus profond avec elle. En se libérant de l'attachement excessif aux choses externes - richesse, statut, possessions - le stoïcien cultive une liberté intérieure inébranlable.

Cette liberté permet de vivre pleinement dans le présent, d'apprécier ce que l'on a sans être constamment tourmenté par le désir de ce que l'on n'a pas. Elle offre également une résilience face aux revers de fortune, car le véritable bien d'une personne - sa vertu et son intégrité morale - ne peut être affecté par les circonstances externes.

*Les défis du contrôle émotionnel*

Bien que le contrôle des émotions soit un idéal noble, les Stoïciens reconnaissent sa difficulté. Même les plus grands philosophes stoïciens, comme Sénèque ou Marc Aurèle, admettent leurs propres luttes avec les passions. Cette reconnaissance de la difficulté est importante. Elle souligne que le stoïcisme n'est pas une philosophie de perfection immédiate, mais un chemin de progrès constant. Chaque effort pour réagir de manière plus rationnelle, chaque moment de détachement face à l'adversité, est une victoire en soi.

*Une philosophie pour notre temps*

Dans un monde moderne caractérisé par une stimulation constante et des changements rapides, la philosophie stoïcienne du contrôle émotionnel et du détachement offre un antidote puissant au stress et à l'anxiété.

En nous enseignant à examiner nos jugements, à cultiver le détachement et à nous concentrer sur ce qui est vraiment important, le stoïcisme nous offre des outils précieux pour naviguer dans les complexités de la vie contemporaine. Il nous rappelle que notre véritable pouvoir ne réside pas dans notre capacité à contrôler le monde extérieur, mais dans notre aptitude à maîtriser notre monde intérieur.

Ainsi, le contrôle des émotions et le détachement stoïciens ne sont pas des fins en soi, mais des moyens d'atteindre une vie plus sage, plus sereine et ultimement plus épanouie. Dans cette perspective, ces pratiques anciennes révèlent leur pertinence intemporelle, offrant un chemin vers la tranquillité d'esprit au milieu des turbulences de notre époque.

# Chapitre 7
## Le Stoïcisme et la Société

Le stoïcisme, depuis sa naissance dans les rues d'Athènes jusqu'à son apogée dans l'Empire romain, a toujours entretenu une relation complexe et profonde avec la société. Loin d'être une simple philosophie de l'individu, le stoïcisme propose une vision holistique de l'être humain comme partie intégrante d'un tout social et cosmique.

**L'Être Humain comme « Animal Social »**

Au cœur de la conception stoïcienne de la société se trouve l'idée que l'être humain est, par nature, un animal social. Cette notion, déjà présente chez Aristote, prend une dimension nouvelle dans le Stoïcisme. Pour les Stoïciens, notre nature sociale n'est pas simplement un fait biologique ou une nécessité pratique, mais une expression de notre participation au Logos universel. Cette vision a des implications profondes. Elle suggère que nos relations sociales ne sont pas accessoires à notre épanouissement, mais en sont une partie essentielle. Un stoïcien ne cherche pas à se retirer du monde pour atteindre la sagesse, mais à vivre pleinement sa nature sociale tout en cultivant la vertu.

*Le cosmopolitisme Stoïcien*

L'un des aspects les plus révolutionnaires de la pensée sociale stoïcienne est son cosmopolitisme. Les stoïciens, en particulier à partir de Chrysippe, ont développé l'idée que tous les êtres humains, indépendamment de leur origine ou de leur statut social, appartiennent à une seule et même communauté mondiale.

Cette idée était radicale pour son époque. Dans un monde divisé par les frontières nationales et les hiérarchies sociales, les Stoïciens affirmaient l'unité fondamentale de l'humanité. Pour eux, notre première allégeance n'est pas à notre Cité-État ou à notre empire, mais à la communauté rationnelle de tous les êtres humains.

Ce cosmopolitisme n'était pas qu'une théorie abstraite. Il a influencé la pratique politique de nombreux Stoïciens, notamment à Rome. Des figures comme Sénèque et Marc Aurèle ont cherché à gouverner d'une manière qui transcende les divisions ethniques et sociales, s'efforçant de traiter tous les sujets de l'empire avec équité.

*La Vertu dans la sphère publique*

Contrairement à certaines interprétations modernes qui voient le stoïcisme comme une philosophie de résignation passive, les Stoïciens anciens encourageaient une participation active à la vie publique. Pour eux, la vertu ne se cultivait pas seulement dans la réflexion privée, mais s'exprimait pleinement dans l'action sociale et politique. Cette vision se reflète dans les carrières de nombreux stoïciens éminents. Caton le Jeune, par exemple, était connu pour son intégrité inébranlable dans la politique romaine. Marc Aurèle, bien que préférant la vie contemplative, a consacré sa vie à gouverner l'Empire, voyant cela comme son devoir stoïcien.

La participation à la vie publique n'était pas vue comme une distraction de la quête de sagesse, mais comme un terrain d'exercice pour la vertu. C'est dans les défis de la vie sociale et politique que le stoïcien pouvait vraiment mettre en pratique ses principes de justice, de courage et de tempérance.

*La Critique sociale stoïcienne*

Malgré leur engagement dans la société, les Stoïciens n'hésitaient pas à critiquer les aspects de leur culture qu'ils jugeaient contraires à la raison et à la vertu. Leur cosmopolitisme les amenait à remettre en question les préjugés nationaux et ethniques. Leur insistance sur la vertu comme seul vrai bien les conduisait à critiquer la poursuite effrénée de la richesse et du statut social.

Cette critique sociale stoïcienne était particulièrement prononcée à Rome, où des philosophes comme Musonius Rufus remettaient en question les normes sociales établies. Musonius, par exemple, argumentait en faveur de l'éducation philosophique des femmes, une position radicale pour son époque.

*L'esclavage et le Stoïcisme*

L'attitude des stoïciens envers l'esclavage illustre bien la complexité de leur pensée sociale. D'un côté, leur cosmopolitisme et leur insistance sur l'égalité fondamentale de tous les êtres rationnels semblaient incompatibles avec l'institution de l'esclavage. Sénèque, par exemple, écrivait sur la dignité inhérente à tous les êtres humains, esclaves inclus. D'un autre côté, peu de Stoïciens ont explicitement appelé à l'abolition de l'esclavage.

Leur approche consistait plutôt à encourager un traitement humain des esclaves et à souligner que la vraie liberté est intérieure et ne dépend pas du statut social. Cette tension reflète les limites du stoïcisme en tant que force de changement social radical. Tout en promouvant des idéaux élevés d'égalité et de dignité humaine, les Stoïciens tendaient à accepter les structures sociales existantes, cherchant à les améliorer plutôt qu'à les renverser.

*L'héritage social du Stoïcisme*

L'approche stoïcienne de la société reste d'une pertinence surprenante aujourd'hui. Leur vision d'une communauté mondiale unie par la raison résonne avec les défis de notre monde globalisé. Leur insistance sur la responsabilité sociale de l'individu offre un contrepoint précieux à l'individualisme extrême.

En même temps, les tensions dans la pensée sociale stoïcienne - entre l'acceptation et la critique des structures sociales existantes, entre l'idéal cosmopolite et les réalités politiques - reflètent des dilemmes que nous continuons à affronter.

Le stoïcisme nous rappelle que notre nature est fondamentalement sociale, que notre épanouissement individuel est inextricablement lié au bien-être de notre communauté. Il nous invite à voir au-delà des divisions artificielles pour reconnaître notre humanité commune, tout en nous engageant activement dans l'amélioration de notre monde social.

Dans un monde marqué par la division et l'individualisme, la vision stoïcienne d'une société fondée sur la raison, la vertu et la reconnaissance de notre humanité partagée offre une perspective aussi rafraîchissante que nécessaire.

**L'éthique et la politique dans la philosophie stoïcienne**

Le Stoïcisme, courant philosophique né dans la Grèce antique, offre une perspective unique sur l'interconnexion entre l'éthique individuelle et l'organisation politique de la société. Cette école de pensée, qui place la vertu et la raison au cœur de son enseignement, propose une vision où la conduite morale personnelle et la gouvernance collective sont intrinsèquement liées.

*Les fondements éthiques du stoïcisme*

Au cœur de l'éthique stoïcienne se trouve la notion de vertu comme bien suprême. Pour les adeptes de cette philosophie, la vertu ne se limite pas à une série d'actes isolés, mais constitue un mode de vie global qui imprègne chaque aspect de l'existence. La sagesse, le courage, la justice et la tempérance - les quatre vertus cardinales du stoïcisme - ne sont pas conçues comme des idéaux abstraits, mais comme des principes directeurs devant guider l'action quotidienne.

Dans cette optique, l'éthique stoïcienne transcende la simple sphère privée pour s'étendre à l'ensemble des interactions sociales et politiques. Un stoïcien conséquent ne saurait se contenter d'agir vertueusement dans sa vie personnelle tout en négligeant ses responsabilités civiques. Au contraire, il est appelé à incarner ces vertus dans tous les domaines de la vie publique, qu'il s'agisse de ses relations de voisinage, de son engagement citoyen ou de ses responsabilités professionnelles.

Prenons l'exemple d'un magistrat stoïcien dans la Rome antique. Son adhésion à la philosophie stoïcienne l'inciterait à exercer ses fonctions avec une intégrité sans faille, en cherchant toujours à rendre la justice de manière équitable et impartiale. Il ne se contenterait pas d'appliquer mécaniquement la loi, mais s'efforcerait de prendre en compte le contexte plus large de chaque affaire, en gardant à l'esprit l'objectif ultime de promouvoir l'harmonie sociale et le bien commun.

*La dimension politique du stoïcisme*

Pour les Stoïciens, la sphère politique n'est pas un domaine séparé de l'éthique, mais plutôt son prolongement naturel à l'échelle de la cité ou de l'État. Ils considèrent que le bon fonctionnement d'une société repose sur la vertu de ses citoyens, et plus particulièrement de ses dirigeants. Dans cette perspective, le rôle du gouvernant n'est pas simplement d'administrer efficacement, mais de servir de modèle moral pour l'ensemble de la communauté.

L'exemple le plus emblématique de cette conception est sans doute celui de l'empereur Romain Marc Aurèle. Fervent adepte du Stoïcisme, il s'est efforcé d'appliquer les préceptes de cette philosophie à sa fonction impériale. Ses « Pensées pour moi-même », véritable manuel de sagesse stoïcienne, témoignent de sa constante réflexion sur la manière d'exercer le pouvoir de façon juste et vertueuse.

Sous son règne, Marc Aurèle a mis en œuvre des politiques visant à améliorer le sort des plus vulnérables, comme l'extension des droits des esclaves ou le renforcement de la protection des orphelins. Il a également cherché à promouvoir l'éducation et la culture, considérant qu'une population éclairée était mieux à même de participer à la vie civique. Ces actions illustrent comment les principes stoïciens peuvent se traduire concrètement dans la gouvernance d'un État.

*Pertinence contemporaine*

Bien que développée il y a plus de deux millénaires, la philosophie stoïcienne conserve une étonnante actualité dans le contexte politique moderne. Dans un monde marqué par la polarisation idéologique et la montée des populismes, les enseignements stoïciens sur la vertu et la responsabilité civique offrent un contrepoint précieux.

Imaginons, par exemple, un dirigeant politique contemporain s'inspirant des principes stoïciens. Il pourrait se fixer comme ligne de conduite de toujours privilégier l'intérêt général sur les considérations partisanes ou personnelles. Cela pourrait se traduire par une plus grande transparence dans la prise de décision, un effort constant pour expliquer et justifier ses choix auprès des citoyens, ou encore une volonté de travailler avec ses opposants politiques sur des enjeux cruciaux pour la société.

Au niveau des politiques publiques, une approche stoïcienne pourrait se manifester par un accent mis sur la réduction des inégalités, non par simple calcul électoral, mais par conviction que la cohésion sociale est essentielle au bon fonctionnement de la cité. Cela pourrait également se traduire par des initiatives visant à renforcer l'engagement civique des citoyens, partant du principe que la vertu s'acquiert par la pratique et que la participation active à la vie de la cité est un moyen de développer les qualités morales nécessaires à une société harmonieuse.

*Limites et critiques*

Malgré sa richesse, l'approche Stoïcienne de l'éthique et de la politique n'est pas exempte de critiques. Certains observateurs ont pointé le risque d'un certain conservatisme inhérent à cette philosophie. En effet, l'accent mis sur l'acceptation de ce qui ne dépend pas de nous pourrait, mal interprété, conduire à une forme de résignation face aux injustices sociales.

D'autres ont souligné la difficulté de concilier l'idéal stoïcien de détachement émotionnel avec les exigences de l'engagement politique, qui requiert souvent passion et empathie. Comment, en effet, mobiliser les citoyens autour d'un projet commun si l'on prône une forme de distance par rapport aux événements du monde ?

Ces objections méritent d'être prises au sérieux. Néanmoins, une lecture attentive des textes Stoïciens révèle une philosophie plus nuancée qu'il n'y paraît au premier abord. L'acceptation prônée par les Stoïciens n'est pas synonyme de passivité, mais plutôt d'une action lucide et sereine face aux défis de l'existence. De même, le détachement émotionnel ne signifie pas absence d'empathie, mais plutôt la capacité à agir de manière réfléchie plutôt que sous le coup de l'impulsion.

L'exploration des liens entre éthique et politique dans la pensée stoïcienne met en lumière la pertinence continue de cette ancienne philosophie pour nos sociétés contemporaines. En proposant une vision où la vertu individuelle et le bien commun sont intimement liés, le stoïcisme offre un cadre de réflexion précieux pour repenser notre rapport à la citoyenneté et à la gouvernance.

Dans un monde en proie à de multiples crises - écologique, sociale, politique - les enseignements stoïciens sur la responsabilité personnelle, la recherche du bien commun et la nécessité d'une action éclairée par la raison résonnent avec une acuité particulière. Sans prétendre offrir des solutions toutes faites, le stoïcisme nous invite à une réflexion profonde sur la manière dont nos choix éthiques individuels façonnent, in fine, le destin collectif de nos sociétés.

**Le Stoïcisme comme philosophie pratique**

Loin d'être un simple exercice intellectuel, le Stoïcisme se distingue par sa dimension éminemment pratique. Cette philosophie antique offre un véritable mode d'emploi pour affronter les défis du quotidien et cultiver une vie épanouie. En mettant l'accent sur ce qui dépend de nous - nos jugements, nos actions et nos attitudes - le Stoïcisme nous donne les outils pour naviguer dans un monde souvent imprévisible et parfois hostile.

*La pratique de l'attention au présent*

L'un des piliers du Stoïcisme appliqué à la vie quotidienne est la pratique de l'attention au moment présent. Les Stoïciens nous invitent à nous concentrer sur l'instant, plutôt que de nous perdre dans des regrets sur le passé ou des inquiétudes sur l'avenir. Cette approche, qui peut être considérée comme une forme ancienne de pleine conscience, permet de réduire l'anxiété et d'accroître notre efficacité dans nos tâches quotidiennes.

Concrètement, cela peut se traduire par des exercices simples mais puissants. Par exemple, lors d'une activité routinière comme se brosser les dents ou laver la vaisselle, on peut s'efforcer de porter toute son attention sur les sensations physiques, les mouvements et les sons associés à cette action. Cette pratique, répétée régulièrement, permet de développer une plus grande présence à soi-même et à son environnement.

*La gestion des attentes et des désirs*

Un autre aspect crucial du stoïcisme dans la vie quotidienne concerne la gestion de nos attentes et de nos désirs. Les Stoïciens nous enseignent que beaucoup de nos frustrations et de nos souffrances proviennent de désirs irréalistes ou d'attentes excessives envers les autres ou envers nous-mêmes.

Pour mettre en pratique ce principe, on peut par exemple adopter l'habitude de « l'amor fati » (l'amour du destin) prônée par les stoïciens. Cela consiste à accueillir chaque situation, même désagréable, comme une opportunité d'apprentissage et de croissance. Ainsi, face à un contretemps comme un rendez-vous annulé ou un train manqué, plutôt que de se laisser submerger par la contrariété, on peut se demander :

« Que puis-je apprendre de cette situation ? Comment puis-je en tirer le meilleur parti ? »

Cette approche ne signifie pas qu'il faille renoncer à toute ambition ou accepter passivement l'adversité. Il s'agit plutôt de cultiver une forme de détachement sage, qui nous permet d'agir avec plus de sérénité et d'efficacité face aux aléas de l'existence.

*L'examen de conscience quotidien*

Une pratique fondamentale du stoïcisme, particulièrement pertinente pour notre vie moderne, est celle de l'examen de conscience quotidien. Les stoïciens recommandaient de prendre un moment chaque soir pour réfléchir à sa journée, évaluer ses actions et identifier les domaines d'amélioration.

On peut adapter cette pratique à notre époque en tenant un journal quotidien, où l'on noterait par exemple :

- Trois choses pour lesquelles on est reconnaissant.

- Une situation où l'on a agi en accord avec ses valeurs.

- Un moment où l'on aurait pu mieux réagir, et comment on pourrait faire mieux la prochaine fois.

Cet exercice permet non seulement de cultiver la gratitude et l'humilité, mais aussi de progresser constamment vers une vie plus vertueuse et épanouie.

*La cultivation de la vertu dans les relations sociales*

Le Stoïcisme accorde une grande importance aux relations humaines et à notre rôle au sein de la communauté. Dans notre vie quotidienne, cela peut se traduire par un effort conscient pour cultiver la vertu dans nos interactions sociales.

Par exemple, face à un collègue difficile ou un voisin désagréable, un stoïcien s'efforcerait de réagir avec patience et compréhension, plutôt que de répondre à l'hostilité par l'hostilité. Cela ne signifie pas qu'il faille se laisser marcher sur les pieds, mais plutôt qu'on cherche à comprendre les raisons du comportement de l'autre et à y répondre de manière constructive.

On peut également appliquer les principes stoïciens en pratiquant régulièrement des actes de gentillesse désintéressée. Cela peut aller du simple fait de tenir la porte à un inconnu à des actions plus substantielles comme le bénévolat dans une association locale. L'idée est de cultiver une attitude de bienveillance active envers autrui, qui nous rapproche de l'idéal stoïcien de vertu.

*La simplicité volontaire et le détachement matériel*

Un autre aspect du stoïcisme qui résonne particulièrement dans notre société de consommation est l'accent mis sur la simplicité et le détachement vis-à-vis des biens matériels. Les stoïciens nous rappellent que le bonheur ne réside pas dans l'accumulation de possessions, mais dans la cultivation de la vertu et la sagesse.

Dans la pratique quotidienne, cela peut se traduire par des choix de consommation plus réfléchis. Avant chaque achat, on peut se poser des questions comme : « Cet objet va-t-il réellement améliorer ma vie ? Est-il en accord avec mes valeurs ? » On peut également pratiquer régulièrement le désencombrement, en se séparant d'objets superflus et en apprenant à vivre avec moins.

Cette approche ne vise pas l'ascétisme extrême, mais plutôt une relation plus saine et équilibrée avec les biens matériels. Elle permet de se libérer de l'anxiété liée à la consommation excessive et de se concentrer sur ce qui compte vraiment.

*Le stoïcisme comme philosophie de vie*

En intégrant ces principes et pratiques stoïciennes dans notre quotidien, nous pouvons cultiver une approche plus sereine et réfléchie de l'existence. Le stoïcisme nous offre un cadre pour développer notre résilience face aux défis de la vie moderne, tout en nous encourageant à vivre en accord avec nos valeurs les plus profondes.

Il est important de noter que l'adoption d'une philosophie de vie stoïcienne n'est pas un processus linéaire ou instantané. C'est un chemin de progression continue, fait d'essais, d'erreurs et d'ajustements constants. L'essentiel est de persévérer dans cette voie, en gardant à l'esprit que chaque jour offre une nouvelle opportunité de mettre en pratique ces principes et de se rapprocher un peu plus de l'idéal de sagesse stoïcienne.

Ainsi, le stoïcisme, loin d'être une relique du passé, s'affirme comme une philosophie vivante et pertinente, capable d'apporter des réponses concrètes aux défis de notre époque. En nous invitant à cultiver la vertu, la résilience et la sagesse dans chaque aspect de notre vie quotidienne, il nous offre un chemin vers une existence plus riche, plus équilibrée et plus significative.

**Comparaison avec d'autres écoles philosophiques**

Comme nous l'avons vu, le stoïcisme s'applique à divers aspects de la vie quotidienne, allant de la gestion des émotions à l'amélioration des relations interpersonnelles et à la prise de décisions éthiques. Cette pratique quotidienne du stoïcisme, qui valorise la maîtrise de soi et l'intégrité, se distingue par sa capacité à transformer les défis en opportunités de croissance personnelle.

Le Stoïcisme, avec ses racines dans la Grèce antique, partage certains idéaux avec d'autres écoles philosophiques, mais se distingue également de manière significative.

### *1. Épicurisme*

- *Fondateur :* Épicure (341-270 av. J.-C.)
- *Philosophie :* L'épicurisme est centré sur la recherche du bonheur à travers l'évitement de la douleur et la recherche des plaisirs simples.
- *Exemple :* Un épicurien pourrait chercher à minimiser les conflits dans sa vie pour maintenir une tranquillité d'esprit, contrairement au stoïcien qui pourrait les affronter si cela signifie agir conformément à la vertu.
- *Différence avec le Stoïcisme :* Contrairement au stoïcisme, qui valorise la vertu comme seule source de bonheur, l'épicurisme place un plus grand accent sur les plaisirs physiques et émotionnels comme moyens d'atteindre la paix intérieure.

## 2. Cynisme

- *Fondateur :* Antisthène (v. 445-365 av. J.-C.), disciple direct de Socrate, mais souvent Diogène de Sinope est aussi considéré comme une figure centrale.

- *Philosophie :* Le cynisme prône une vie en accord avec la nature, un rejet des conventions sociales et des désirs matériels comme chemin vers la liberté.
- *Exemple :* Diogène de Sinope, le plus célèbre des cyniques, vivait dans un tonneau et utilisait son style de vie pour critiquer la société athénienne contemporaine. Il défiait les normes sociales, par exemple en marchant à reculons pendant la journée pour questionner la direction conventionnelle de la vie publique.

- *Différence avec le Stoïcisme :* Bien que partageant certaines idéologies stoïciennes sur la simplicité et l'autosuffisance, le cynisme se distingue par son rejet total des normes sociales et son mépris provocateur pour les biens matériels, tandis que le stoïcisme prône une intégration plus modérée de ces aspects tout en vivant conformément à la raison sociale et personnelle.

## 3. Scepticisme

- *Fondateur :* Pyrrhon d'Élis (v. 360-v. 270 av. J.-C.) • *Philosophie :* Le scepticisme remet en question la possibilité de certitude dans la connaissance.
- *Exemple :* Un sceptique peut suspendre le jugement sur des questions éthiques, estimant qu'il n'y a pas de vérité absolue.
- *Différence avec le Stoïcisme :* Le stoïcisme, en revanche, repose sur la conviction que la connaissance et la compréhension de la logique universelle sont non seulement possibles, mais essentielles pour vivre conformément à la nature.

### 4. Platonisme

- *Fondateur :* Platon (428/427–348/347 av. J.-C.)
- *Philosophie :* Le platonisme se concentre sur la théorie des formes ou des idées, selon laquelle les concepts abstraits ont une réalité plus authentique que leurs manifestations physiques.
- *Exemple :* Un platonicien pourrait valoriser la contemplation des idées parfaites de justice et de beauté, considérant que ces vérités transcendent les applications pratiques dans le monde physique.
- *Différence avec le Stoïcisme :* Le Stoïcisme, bien qu'il reconnaisse aussi l'importance de concepts abstraits comme la vertu, est plus orienté vers l'application pratique de ces idées dans la vie quotidienne et les situations concrètes.

### 5. Aristotélisme

- *Fondateur :* Aristote (384-322 av. J.-C.)
- *Philosophie :* L'aristotélisme met l'accent sur la logique et la biologie, avec une forte croyance en la capacité de l'homme à atteindre la connaissance à travers l'observation empirique et la raison.
- *Exemple :* Un aristotélicien peut se concentrer sur l'étude des causes et des principes naturels pour comprendre le monde et la condition humaine, promouvant une approche scientifique et logique.
- *Différence avec le Stoïcisme :* Alors que l'aristotélisme valorise l'acquisition de la connaissance pour comprendre le monde naturel, le stoïcisme se concentre plus sur la compréhension de soi et sur la maîtrise des réactions internes pour vivre en harmonie avec la nature.

## 6. Néoplatonisme

- *Fondateur :* Plotin (204/5–270 apr. J.-C.)
- *Philosophie :* Le néoplatonisme, qui a évolué à partir du platonisme, enseigne que la réalité est émanée d'une source unique, l'Un, et que l'âme peut retourner à cette source par la purification et la contemplation intellectuelle.
- *Exemple :* Un néoplatonicien pratiquerait la méditation et l'ascétisme pour transcender le monde physique et atteindre une union mystique avec le divin.
- *Différence avec le Stoïcisme :* Le stoïcisme est plus pragmatique et centré sur la vie active dans le monde, valorisant la vertu et la raison comme moyens de vivre bien, plutôt que la recherche de l'union mystique.

## 7. Pyrrhonisme

- *Fondateur :* Pyrrhon d'Élis (v. 360-270 av. J.-C.)
- *Philosophie :* Le pyrrhonisme est une forme de scepticisme philosophique qui prône la suspension du jugement (épochè) face à toutes les assertions pour atteindre la tranquillité (ataraxie).
- *Exemple :* Un pyrrhoniste pourrait se retrouver confronté à une affirmation controversée et choisirait de suspendre son jugement, évitant ainsi l'angoisse ou la confusion associées à l'incertitude.
- *Différence avec le Stoïcisme :* Contrairement aux pyrrhonistes, les Stoïciens acceptent certaines vérités logiques et éthiques comme fondements pour l'action et la moralité. Les stoïciens croient en l'utilité de la raison pour naviguer dans la vie, tandis que les pyrrhonistes évitent toute croyance ferme.

### 8. École de Mégarde

- *Fondateur :* Euclide de Mégare (v. 435-365 av. J.-C.)
- *Philosophie :* L'école mégarique, souvent associée au socratisme, se concentre sur la dialectique et les paradoxes logiques. Elle valorise la définition précise des termes et la réfutation des opinions contradictoires par la logique.
- *Exemple :* Un mégarique pourrait utiliser un raisonnement dialectique pour démontrer qu'un adversaire se contredit dans ses affirmations sur la justice, poussant ainsi à une compréhension plus claire et plus rigoureuse du concept.
- *Différence avec le Stoïcisme :* Bien que les stoïciens valorisent aussi la logique, ils sont plus axés sur l'application pratique de la philosophie pour améliorer la vie individuelle et sociale, plutôt que sur les jeux dialectiques.

### 9. Académie Académique

- *Fondateur :* Platon, mais l'Académie Sceptique se réfère aux phases plus tardives de l'Académie platonicienne, dirigée par des philosophes comme Arcésilas et Carnéade.
- *Philosophie :* L'Académie sceptique développe une forme de scepticisme qui, comme le pyrrhonisme, met en doute la possibilité d'atteindre une connaissance certaine, mais elle est utilisée de manière plus stratégique pour atteindre l'ataraxie.
- *Exemple :* Carnéade pourrait débattre des vertus de la justice non pas pour établir une définition absolue, mais pour montrer que les conceptions conventionnelles ne sont pas suffisamment fondées sur la raison.
- *Différence avec le Stoïcisme :* Le stoïcisme maintient une croyance dans la capacité de la raison à discerner la vérité et à guider la conduite morale, tandis que l'Académie sceptique utilise le scepticisme comme un outil pour suspendre le jugement.

## 10. Pythagorisme

- *Fondateur :* Pythagore (v. 570-495 av. J.-C.)
- *Philosophie :* Le pythagorisme combine des éléments de philosophie, de science, et de mysticisme. Les adeptes croyaient en l'immortalité de l'âme, la réincarnation, et que les nombres avaient des propriétés réelles qui structurent l'univers.
- *Exemple :* Les pythagoriciens pratiquaient des restrictions alimentaires, évitaient certains comportements et observaient des rituels qui reflétaient leurs croyances en l'harmonie cosmique et individuelle. Par exemple, ils évitaient de manger des fèves, croyant que ces dernières étaient liées à la renaissance des âmes.
- *Différence avec le Stoïcisme :* Contrairement aux stoïciens, qui mettent l'accent sur la compréhension et l'acceptation de la logique naturelle et cosmique à travers la raison, les pythagoriciens suivent un mode de vie plus mystique et rituel, fondé sur des croyances spécifiques sur la nature de l'âme et de l'univers. Leurs pratiques étaient également communautaires et secrètes, formant une sorte de confrérie avec des rites initiatiques, ce qui contraste avec l'approche plus ouverte et applicable de la philosophie stoïcienne.

## 11. École éléatique

- *Fondateur :* Parménide (v. 515-450 av. J.-C.)
- *Philosophie :* L'école éléatique se concentre sur la doctrine selon laquelle la réalité est un singulier, immuable, et que le changement est une illusion perçue et non une réalité.
- *Exemple :* Parménide argumentait que le mouvement et le changement sont impossibles, et que tout ce qui existe est éternel et indivisible. Par exemple, lorsqu'on observe un objet en mouvement, comme une flèche en vol, les éléments soutiennent que ce mouvement est une illusion des sens.
- *Différence avec le Stoïcisme :* Contrairement aux éléates qui nient le changement et la diversité des phénomènes comme illusions, les stoïciens

accepten le monde tel qu'il apparaît, y compris le changement et la diversité, et cherchent à comprendre comment vivre en harmonie avec la nature qui est dynamique et en constante évolution.

### 12. Socratisme

• *Fondateur :* Socrate (v. 470-399 av. J.-C.)

• *Philosophie :* Socrate n'a pas laissé d'écrits, mais sa philosophie est connue grâce à ses disciples, notamment Platon. Sa méthode, connue sous le nom de maïeutique, consiste à poser des questions pour aider son interlocuteur à clarifier ses pensées et à atteindre une compréhension plus profonde.

- *Exemple :* Socrate questionnait souvent les citoyens d'Athènes sur des sujets tels que la justice ou la vertu. Par des questions successives, il dévoilait les contradictions dans leurs pensées, les amenant à une introspection et, idéalement, à une meilleure compréhension de la vertu.
- *Différence avec le Stoïcisme :* Contrairement aux stoïciens, qui développent une doctrine complète englobant la logique, la physique et l'éthique, Socrate se concentrait principalement sur l'éthique individuelle et la vertu. Il n'a pas proposé un système aussi complet que le stoïcisme, mais ses enseignements sur l'importance de la vie examinée influencent profondément la philosophie stoïcienne.

### 13. Bouddhisme

• *Fondateur :*

• Bouddhisme : Fondé par Siddhartha Gautama, plus tard connu sous le nom de Bouddha, au 5e siècle av. J.-C. en Inde.

• *Philosophie :*

Les Bouddhistes et les Stoïciens partagent une philosophie qui valorise le détachement. Ils enseignent que la source principale de la souffrance est l'attachement excessif aux choses extérieures et aux désirs personnels.

Les deux écoles utilisent également la méditation comme moyen d'atteindre la sagesse, la tranquillité d'esprit et une meilleure compréhension de la nature de la réalité.

- *Exemple :*
  En cas de perte douloureuse, un bouddhiste pourrait pratiquer la méditation sur l'impermanence pour accepter la perte et diminuer la souffrance associée. Un Stoïcien, d'un autre côté, chercherait à accepter cette perte comme une partie inévitable de l'ordre naturel et à y répondre avec résilience et vertu.

- *Différence avec le Stoïcisme :*
  Une différence clé réside dans leur conception du soi et de la réalité. Le bouddhisme enseigne l'anatta ou non-soi, qui est l'idée que l'identité personnelle n'est pas permanente et que s'attacher à une notion fixe du soi est source de souffrance. Le stoïcisme, en revanche, bien qu'il encourage aussi un certain détachement, maintient une conception plus traditionnelle de l'individualité et de la rationalité comme moyens de naviguer dans le monde.

  Concernant leur rapport au monde, le bouddhisme aspire à un dépassement du cycle des renaissances (samsara) à travers l'éveil (nirvana), tandis que le stoïcisme propose d'embrasser et d'accepter le monde tel qu'il est, en cultivant la vertu dans le cadre d'un cosmos ordonné.


### 14. Existentialisme

• *Fondateur :* Bien que ses racines remontent à Søren Kierkegaard et Friedrich Nietzsche, l'existentialisme moderne est souvent associé à Jean-Paul Sartre, qui a popularisé le terme après la Seconde Guerre mondiale.

• *Philosophie :* Les stoïciens et les existentialistes valorisent profondément la liberté de choix individuel, affirmant que chacun a le pouvoir de définir ses actions et réactions face aux diverses situations de la vie.

- Les deux philosophies mettent également un fort accent sur la responsabilité personnelle, insistant sur le fait que c'est à l'individu de donner un sens à sa propre existence et de vivre authentiquement selon ses principes.
- *Exemple :* Face à une crise existentielle, un existentialiste pourrait encourager à accepter l'angoisse comme une preuve de liberté et une invitation à forger son propre chemin dans la vie. En comparaison, un Stoïcien rechercherait à comprendre comment cette crise s'intègre dans un cosmos plus ordonné et rationnel, et comment y répondre de manière vertueuse et rationnelle.
- *Différence avec le Stoïcisme :* La principale divergence entre ces deux philosophies réside dans leur vision du monde. L'existentialisme perçoit souvent l'univers comme absurde et sans sens intrinsèque, mettant l'accent sur la liberté individuelle de créer son propre sens malgré l'absurdité apparente. Le stoïcisme, en revanche, soutient l'existence d'un ordre universel logique et naturel, où chaque chose a sa place et sa raison d'être, et où la raison guide les actions humaines vers l'harmonie avec ce cosmos.

### 15. Hédonisme

- *Fondateur :* L'Hédonisme, tel que nous le connaissons dans sa forme philosophique classique, est souvent associé à Aristippe de Cyrène, un élève de Socrate. Cependant, les racines de la pensée hédoniste peuvent être tracées jusqu'à des figures plus anciennes et des écoles variées qui valorisent le plaisir comme le bien suprême de la vie humaine.
- *Philosophie :* L'Hédonisme est la croyance que le plaisir est le bien suprême et le but ultime de la vie. Cette école de pensée soutient que les actions doivent être évaluées en fonction de la manière dont elles contribuent à la joie et minimisent la douleur. Les hédonistes prônent une vie orientée vers la maximisation du plaisir personnel et la réduction de la souffrance.
- *Exemple :* Un hédoniste pourrait choisir de passer une journée à se détendre sur une plage ensoleillée, en lisant un bon livre et en savourant son plat favori, estimant que ces activités maximisent le plaisir personnel et contribuent à une vie heureuse.

- *Différence avec le Stoïcisme :* Contrairement à l'Hédonisme, qui place le plaisir comme valeur suprême, le Stoïcisme enseigne que la vertu est le bien le plus élevé. Les stoïciens croient que la sagesse, le courage, la justice et la modération sont essentiels pour une bonne vie, indépendamment du plaisir ou de la douleur que ces vertus peuvent engendrer. De plus, tandis que l'Hédonisme peut encourager la poursuite des désirs personnels, le Stoïcisme recommande une approche plus disciplinée de la vie, en soulignant l'importance de l'acceptation du destin et du contrôle des émotions pour maintenir la tranquillité intérieure.

Ces comparaisons mettent en lumière à la fois l'originalité du stoïcisme et ses points de convergence avec d'autres traditions philosophiques. Le stoïcisme se distingue par sa combinaison unique d'acceptation du destin et d'engagement actif dans le monde, de recherche de la tranquillité intérieure et de responsabilité sociale.

Dans notre monde contemporain, marqué par l'incertitude et les changements rapides, le stoïcisme offre une voie médiane particulièrement pertinente. Il nous invite à cultiver la résilience face à l'adversité tout en restant pleinement engagés dans la vie sociale et civique. En empruntant au stoïcisme tout en restant ouverts aux apports d'autres traditions philosophiques, nous pouvons développer une approche équilibrée et robuste pour naviguer dans les complexités de la vie moderne.

Ces écoles de pensée illustrent la richesse et la diversité de la philosophie antique. Chaque école offre des insights uniques sur la nature de la connaissance, l'éthique, et la meilleure façon de vivre, tout en posant des questions fondamentales qui résonnent encore aujourd'hui. Le stoïcisme se distingue par son engagement envers des principes éthiques pratiques qui visent à transformer la vie individuelle et collective, s'adressant à ceux qui cherchent à vivre une vie rationnelle et harmonieuse au sein de leur communauté.

# Chapitre 8
## Résurgence et influence moderne du Stoïcisme

Au fil des dernières années, un regain d'intérêt pour le stoïcisme a été observé, soulignant ainsi l'applicabilité continue de cette philosophie millénaire dans le contexte contemporain. Cette renaissance ne représente pas simplement un renouveau des idées antiques, mais elle incarne une réinterprétation des principes stoïciens adaptée aux défis et aux transformations rapides de notre société actuelle. Face aux problématiques modernes telles que le bien-être mental, la capacité de résilience en période de crise, et la quête de sens, le stoïcisme se révèle être un arsenal d'outils stratégiques pour manœuvrer avec sagesse dans la complexité de notre époque.

L'intérêt renouvelé pour le stoïcisme se fait sentir dans plusieurs sphères, incluant l'éducation et le leadership, révélant un désir général pour une sagesse pratique et une philosophie active. Les enseignements stoïciens concernant la maîtrise de soi, le détachement émotionnel et la focalisation sur les éléments de notre vie que nous pouvons contrôler continuent de trouver un écho chez ceux aspirant à une existence plus pondérée et délibérée.

La résurgence du Stoïcisme dans le monde moderne est aussi marquée par un engagement accru envers des modes de vie plus conscients et mesurés. Dans une société souvent caractérisée par la surabondance et la gratification instantanée, le Stoïcisme suggère une alternative fondée sur la tempérance, la contemplation et une harmonie entre nos actions et nos principes éthiques profonds. Ce chapitre détaille la manière dont le stoïcisme, au-delà des milieux académiques, exerce une influence sur la culture populaire, les initiatives sociales et les comportements individuels, se réaffirmant comme une pierre angulaire philosophique pertinente pour les défis d'aujourd'hui.

En reconnaissant les contraintes et les pressions propres à notre ère tout en proposant des réponses tirées de la sagesse antique, ce chapitre illustre comment le stoïcisme se réinvente et évolue pour répondre aux exigences du monde moderne, tout en conservant l'essence de ses valeurs et principes originels.

**Le stoïcisme dans la pensée contemporaine**

Dans un monde en constante mutation, confronté à une multitude de défis tant personnels que globaux, le stoïcisme émerge de nouveau comme une philosophie d'une pertinence remarquable. Cette philosophie ancienne apporte des perspectives enrichissantes sur la résilience émotionnelle, la logique rationnelle et la vertu éthique, qui résonnent à travers divers domaines de la vie moderne, tels que l'éducation, la politique et la santé mentale. Sa capacité à fournir des outils pour naviguer dans un environnement complexe en fait une ressource inestimable pour ceux qui cherchent à développer une approche plus réfléchie et intentionnelle de la vie.

*Influence dans le leadership et le management*

Le stoïcisme dispense des enseignements fondamentaux pour les leaders et les managers actuels. En valorisant le contrôle de soi et l'intégrité, il prône que le leadership véritable est enraciné dans la capacité à maîtriser ses propres émotions et désirs avant de pouvoir efficacement diriger les autres. Cette philosophie a prouvé son efficacité dans des situations extrêmes : par exemple, James Stockdale, officier de la Marine américaine et prisonnier de guerre au Vietnam, s'est appuyé sur les principes stoïciens pour préserver son moral ainsi que celui de ses camarades dans des circonstances adverses. Dans le secteur privé, des leaders tels que Tim Cook et Bill Gates reconnaissent l'influence du stoïcisme dans leur manière de gérer les crises et de prendre des décisions sous pression, en mettant en avant une approche mesurée et fondée sur des principes éthiques.

*Applications en éducation*

Dans l'arène éducative, le stoïcisme offre des outils pour renforcer la persévérance, la concentration et le bien-être émotionnel chez les élèves et les enseignants. Face aux exigences académiques et émotionnelles d'un monde de plus en plus complexe, des programmes éducatifs intègrent désormais des éléments stoïciens tels que la formation à la résilience et le développement de l'autodiscipline. Ces initiatives gagnent en popularité dans les établissements scolaires qui aspirent à préparer leurs élèves non seulement sur le plan intellectuel, mais aussi sur le plan émotionnel. Des projets comme Stoïcisme moderne, par exemple, proposent des ateliers et des cours visant à assimiler la sagesse stoïcienne dans le quotidien, offrant des stratégies pratiques pour mieux gérer le stress et l'anxiété, et favorisant une approche proactive face aux défis de la vie.

*Résonance dans la culture populaire*

La philosophie stoïcienne, bien que millénaire, trouve un écho remarquable dans notre société contemporaine, s'infiltrant subtilement dans divers aspects de la culture populaire. Sans nécessairement être nommée explicitement, cette sagesse antique imprègne de nombreux ouvrages de développement personnel qui connaissent un succès retentissant. Par exemple, le best-seller de Mark Manson, « The Subtle Art of Not Giving a F*ck »[1], s'inspire largement des préceptes stoïciens pour inviter les lecteurs à adopter une attitude de détachement bienveillant face aux tracas quotidiens. L'auteur encourage ainsi à se concentrer sur l'essentiel, rappelant l'importance que les Stoïciens accordaient à la distinction entre ce qui dépend de nous et ce qui n'en dépend pas.

Cette influence s'étend également au domaine du divertissement, où séries télévisées et films mettent en scène des personnages incarnant les vertus stoïciennes. Ces protagonistes, dotés d'une maîtrise de soi exemplaire et d'une profondeur morale inspirante, deviennent des figures emblématiques auxquelles le public s'identifie volontiers. Ils offrent des modèles de comportement empreints de résilience et de réflexion, démontrant comment faire face à l'adversité avec courage et sagesse. Cette représentation médiatique contribue à populariser les principes stoïciens auprès d'un large public, souvent inconsciemment séduit par cette philosophie de vie.

De plus, le stoïcisme s'immisce dans des domaines inattendus, tels que le monde des affaires ou du sport. Des entrepreneurs et des athlètes de haut niveau puisent dans cette philosophie pour cultiver leur détermination et leur capacité à surmonter les

---

[1] Manson, M. (2016). *The Subtle Art of Not Giving a F*ck: A Counterintuitive Approach to Living a Good Life*. Harper.

obstacles. Ils y trouvent des outils précieux pour gérer le stress, maintenir leur concentration et persévérer face aux défis, illustrant ainsi la pertinence du stoïcisme dans des contextes modernes et exigeants.

*Influence en psychologie*

L'empreinte du stoïcisme se fait également sentir de manière significative dans le champ de la psychologie moderne, particulièrement à travers la thérapie cognitive comportementale (TCC). Cette approche thérapeutique, développée par des pionniers tels qu'Albert Ellis et Aaron T. Beck, puise directement dans les enseignements stoïciens pour élaborer ses méthodes de traitement des troubles psychologiques.

La TCC s'inspire notamment de la pratique stoïcienne consistant à examiner et à remettre en question nos jugements et nos croyances. Elle enseigne aux patients à identifier leurs pensées automatiques négatives et à les confronter à la réalité, tout comme les Stoïciens encourageaient à scruter et à déconstruire les jugements erronés à l'origine de nos perturbations émotionnelles. Cette approche permet aux individus de prendre conscience du pouvoir qu'ils ont sur leur interprétation des événements et, par conséquent, sur leurs réactions émotionnelles. Par ailleurs, la « mindfulness », ou pleine conscience, qui connaît un essor considérable en psychologie, partage des similitudes frappantes avec la pratique stoïcienne de l'attention au moment présent. Ces techniques de méditation et de concentration sur l'instant encouragent une forme de détachement bienveillant qui rappelle l'ataraxie stoïcienne, cet état de tranquillité de l'âme tant recherché par les philosophes antiques.

De plus, la psychologie positive, branche relativement récente de la discipline, s'intéresse au développement des vertus et des forces de caractère, une approche qui fait écho à l'importance accordée par les Stoïciens à la cultivation des vertus cardinales telles que la sagesse, la justice, le courage et la tempérance.

À travers ces divers domaines, le stoïcisme démontre sa remarquable adaptabilité et sa pertinence persistante face aux défis de l'époque contemporaine. Loin d'être une simple relique philosophique, il se révèle être un ensemble de principes vivants et dynamiques, capables de s'ajuster aux besoins et aux questionnements de notre société moderne. En offrant des stratégies concrètes pour développer la résilience personnelle et promouvoir une approche plus réfléchie et équilibrée de la vie, le stoïcisme continue de guider les individus vers une existence plus épanouie et significative.

Cette philosophie millénaire nous rappelle que, malgré les avancées technologiques et les changements sociaux, les questions fondamentales sur la manière de mener une vie bonne et vertueuse demeurent d'une actualité saisissante. Le stoïcisme nous invite ainsi à cultiver une sagesse intérieure capable de nous guider à travers les turbulences de la vie moderne, tout en nous encourageant à contribuer positivement à notre communauté et à notre monde.

## Application du stoïcisme dans le coaching et la psychothérapie

La philosophie stoïcienne, avec ses fondements axés sur la maîtrise de soi, la rationalité et la persévérance, s'intègre remarquablement bien dans les pratiques contemporaines de coaching et de psychothérapie. Cette sagesse millénaire offre un arsenal d'outils puissants et efficaces pour accompagner les individus dans la gestion de leurs défis émotionnels et la poursuite de leur développement personnel d'une manière à la fois structurée et réfléchie.

## Stoïcisme et coaching de vie

Dans le domaine du coaching de vie, le stoïcisme se révèle être un allié précieux pour aider les clients à clarifier leurs valeurs fondamentales et à aligner leurs actions quotidiennes avec ces principes essentiels. Les coachs puisent dans les enseignements stoïciens pour encourager leurs clients à focaliser leur attention et leur énergie sur les aspects de leur vie qu'ils peuvent effectivement influencer, tout en apprenant à lâcher prise sur ce qui échappe à leur contrôle direct.

Par exemple, un coach pourrait guider un cadre d'entreprise stressé à reconnaître que, bien qu'il ne puisse pas maîtriser les fluctuations du marché ou les décisions de la direction, il a le pouvoir de contrôler sa réaction face à ces défis. En adoptant une approche stoïque, ce cadre pourrait développer des stratégies pour maintenir son calme et son intégrité professionnelle, même dans des situations de haute pression. Cette perspective permet non seulement de réduire l'anxiété liée au travail, mais favorise également des interactions professionnelles plus harmonieuses et productives.

De plus, les coachs utilisent souvent des exercices inspirés du stoïcisme pour aider leurs clients à cultiver la résilience. La pratique de la « préparation aux adversités » (praemeditatio malorum), par exemple, encourage les individus à envisager des scénarios difficiles à l'avance, renforçant ainsi leur capacité à faire face aux défis imprévus avec équanimité et détermination.

**Stoïcisme dans la psychothérapie**

En psychothérapie, et particulièrement dans le cadre de la thérapie cognitive-comportementale (TCC), les concepts stoïciens sont largement exploités pour aider les patients à identifier et à remettre en question leurs schémas de pensée négatifs et automatiques. Les thérapeutes s'appuient sur la logique stoïcienne pour encourager une réflexion approfondie sur la manière dont certaines croyances concernant les événements ou soi-même peuvent non seulement être erronées, mais aussi profondément préjudiciables au bien-être mental.

Un thérapeute travaillant avec un patient souffrant d'anxiété sociale pourrait, par exemple, utiliser des techniques inspirées du stoïcisme pour examiner et déconstruire la croyance selon laquelle « tout le monde me juge constamment ». En employant des méthodes d'examen des preuves et de remise en question des pensées, qui reflètent la rationalité prônée par les Stoïciens, le thérapeute aide le patient à développer une perspective plus équilibrée et réaliste de ses interactions sociales.

La psychothérapie inspirée du Stoïcisme met également l'accent sur l'importance de l'acceptation de ce qui ne peut être changé, tout en encourageant l'action là où le changement est possible. Cette approche peut être particulièrement bénéfique dans le traitement des troubles anxieux et dépressifs, en aidant les patients à développer une plus grande résilience face aux adversités de la vie.

**Formation et ateliers Stoïciens**

L'intégration du stoïcisme dans les programmes de formation professionnelle et les ateliers de développement personnel connaît un essor significatif. De nombreuses entreprises et organisations reconnaissent la valeur des enseignements stoïciens pour améliorer la résilience, la gestion du stress et la prise de décision de leurs employés.

Ces sessions de formation visent à enseigner aux participants comment appliquer concrètement la philosophie stoïcienne dans des situations professionnelles exigeantes, en mettant l'accent sur la préparation mentale et la réflexion avant l'action. Par exemple, dans des secteurs à haute pression comme les soins de santé, la finance ou la gestion de crise, les professionnels peuvent grandement bénéficier de techniques stoïciennes pour maintenir leur sang-froid et leur efficacité face à des urgences ou des défis imprévus.

Un atelier typique pourrait inclure des exercices pratiques tels que la « vue d'en haut » (une technique de distanciation émotionnelle), la journalisation stoïcienne pour favoriser l'autoréflexion, ou encore des simulations de scénarios difficiles pour pratiquer la réponse stoïque dans un environnement contrôlé.

**Rôle des émotions selon le Stoïcisme**

Un aspect crucial de l'application du stoïcisme en psychothérapie et en coaching concerne la gestion des émotions. Contrairement à une idée reçue, l'approche stoïcienne ne vise pas à supprimer ou à nier les émotions, ce qui serait contre-productif, mais plutôt à comprendre et à transformer l'attitude envers ces émotions. Les praticiens intègrent souvent des techniques de pleine conscience inspirées du stoïcisme, où les individus apprennent à observer leurs émotions sans jugement et avec acceptation. Cette pratique permet de reconnaître que les émotions sont des réactions naturelles et inévitables, tout en soulignant que la manière de les interpréter et d'y répondre reste sous le contrôle de l'individu.

Par exemple, un coach pourrait guider un client à travers un exercice de « décomposition » stoïcienne face à une émotion intense comme la colère. Le client apprendrait à analyser les composantes de sa colère : l'événement déclencheur, les pensées automatiques qui ont suivi, et la réaction physiologique. Cette analyse permettrait de créer une distance émotionnelle et d'ouvrir la voie à une réponse plus réfléchie et constructive.

## Intégration du Stoïcisme dans la vie quotidienne

Au-delà des séances formelles de coaching ou de thérapie, les praticiens encouragent souvent leurs clients à intégrer des pratiques stoïciennes dans leur vie quotidienne. Cela peut inclure des exercices comme la « revue du soir » (où l'on réfléchit sur les événements de la journée), la pratique de la gratitude (en se concentrant sur ce que l'on a plutôt que sur ce qui manque), ou encore l'exercice de la « pire situation imaginable » (pour relativiser les problèmes actuels).

Ces pratiques régulières aident à ancrer les principes stoïciens dans la vie de tous les jours, favorisant une plus grande stabilité émotionnelle et une meilleure capacité à naviguer les défis quotidiens avec sagesse et sérénité.

En conclusion, ces applications variées du stoïcisme dans le coaching et la psychothérapie démontrent la remarquable adaptabilité et la pertinence continue de cette philosophie ancienne dans le contexte moderne de la santé mentale et du développement personnel. En aidant les individus à cultiver une compréhension plus profonde de leurs pensées et de leurs émotions, et en les guidant vers des actions intentionnelles et réfléchies, le stoïcisme continue de jouer un rôle vital dans l'amélioration du bien-être mental et de la résilience face aux défis de la vie contemporaine.

Cette approche philosophique millénaire, loin d'être obsolète, s'avère être un complément précieux aux techniques thérapeutiques modernes, offrant un cadre robuste pour naviguer les complexités de l'existence humaine avec sagesse, courage et sérénité.

## Le Stoïcisme et la technologie moderne

Dans notre ère dominée par l'omniprésence technologique, le stoïcisme émerge comme un phare de sagesse, offrant une perspective critique et équilibrée pour naviguer dans les méandres de notre environnement numérique. Les principes fondamentaux du stoïcisme, mettant l'accent sur la raison, le contrôle de soi et la distinction cruciale entre ce qui relève et ce qui échappe à notre pouvoir, se révèlent particulièrement pertinents pour affronter les défis et saisir les opportunités présentées par la technologie moderne.

## Gestion de l'information et des médias sociaux

Dans un monde submergé par des flux incessants d'informations et dominé par l'omniprésence des médias sociaux, le stoïcisme offre un cadre précieux pour gérer notre engagement technologique de manière plus saine et équilibrée. Face à la surcharge informationnelle, un adepte du stoïcisme pourrait mettre en pratique le concept de « préférence rationnelle », en sélectionnant méticuleusement les informations véritablement utiles et enrichissantes, tout en écartant celles qui s'avèrent distractives ou perturbatrices. Par exemple, un individu adoptant une approche stoïcienne pourrait établir des périodes dédiées à la consommation d'informations, peut-être en début et en fin de journée, plutôt que de céder à la tentation de vérifier constamment les actualités.

Cette pratique permettrait non seulement de réduire le stress lié à l'afflux constant d'informations, mais aussi d'améliorer la qualité de l'attention portée aux informations sélectionnées.

De même, dans l'utilisation des réseaux sociaux, un Stoïcien s'efforcerait de cultiver une présence réfléchie et mesurée. Au lieu de réagir impulsivement aux publications et aux commentaires, il prendrait le temps de réfléchir avant d'interagir, en se demandant si sa contribution apporte une valeur réelle à la conversation ou s'aligne avec ses valeurs personnelles. Cette approche pourrait inclure la pratique de la « pause stoïcienne » avant de poster ou de répondre, permettant ainsi une réflexion sur l'impact potentiel de ses actions en ligne.

## Technologies et contrôle de « SOI »

Le stoïcisme peut également éclairer et guider notre utilisation des technologies dans la gestion de notre comportement et de notre bien-être. L'essor des applications encourageant la méditation, la pleine conscience, ou la gestion du temps illustre parfaitement comment la technologie peut être mise au service des pratiques stoïciennes. Par exemple, une application de méditation guidée pourrait intégrer des principes stoïciens en proposant des exercices de visualisation négative, où l'utilisateur est invité à imaginer la perte de choses qu'il chérit, renforçant ainsi sa gratitude et sa résilience. De même, une application de gestion du temps pourrait s'inspirer du concept stoïcien de « memento mori » (souviens-toi que tu vas mourir) pour encourager une utilisation plus intentionnelle et significative du temps.

Les dispositifs portables qui suivent les habitudes de santé, tels que les montres intelligentes ou les bracelets Fitness, peuvent également être vus sous un angle stoïcien. En fournissant des données objectives sur notre activité physique, notre sommeil et notre rythme cardiaque, ces appareils nous permettent de vivre plus en accord avec le principe stoïcien de « vivre conformément à la nature ». Ils nous offrent une opportunité unique de prendre conscience de nos habitudes et de les aligner plus étroitement avec nos valeurs et nos objectifs de santé.

**Technologies et éthique**

La réflexion stoïcienne sur l'éthique trouve une application particulièrement pertinente et urgente dans les débats contemporains sur l'éthique technologique. Les dilemmes complexes soulevés par l'intelligence artificielle, la protection de la vie privée en ligne, et la sécurité des données peuvent grandement bénéficier de l'approche stoïcienne, qui met l'accent sur la justice, la bienveillance et le bien commun.

Prenons l'exemple d'un ingénieur en IA adoptant une perspective stoïcienne. Confronté à la conception d'algorithmes de prise de décision, il ne se contenterait pas de maximiser l'efficacité ou la rentabilité, mais s'efforcerait d'intégrer des considérations éthiques profondes. Il pourrait, par exemple, s'assurer que l'algorithme ne perpétue pas de biais discriminatoires et qu'il prend en compte le bien-être de toutes les parties prenantes, pas seulement les intérêts immédiats de l'entreprise.

De même, dans le domaine de la protection de la vie privée, un législateur inspiré par le stoïcisme pourrait plaider pour des réglementations qui ne se contentent pas de protéger les données individuelles, mais qui encouragent activement une utilisation éthique et transparente de ces données par les entreprises technologiques. Cette approche pourrait inclure des mesures incitatives pour les entreprises qui démontrent une gestion responsable des données, alignant ainsi les intérêts commerciaux avec le bien commun.

## Développement technologique et adaptation

Le stoïcisme offre également un cadre précieux pour guider le développement technologique vers des fins plus nobles et durables, plutôt que de le laisser être dicté uniquement par la recherche de la nouveauté ou du profit. Cette approche pourrait se manifester dans la priorisation de technologies qui s'attaquent aux défis fondamentaux de notre époque, tels que le changement climatique, les inégalités sociales, ou l'accès à l'éducation.

Par exemple, une entreprise technologique adoptant une philosophie stoïcienne pourrait choisir de développer des solutions d'énergie renouvelable innovantes plutôt que de se concentrer sur des gadgets de consommation à la mode mais éphémères. De même, dans le domaine de l'éducation, des plateformes d'apprentissage en ligne pourraient être conçues non seulement pour transmettre des connaissances, mais aussi pour cultiver la sagesse pratique et la résilience émotionnelle, s'inspirant directement des enseignements stoïciens.

En intégrant les principes stoïciens dans notre approche de la technologie moderne, nous pouvons cultiver une relation plus réfléchie et intentionnelle avec nos outils numériques. Plutôt que d'être submergés ou dominés par la technologie, nous pouvons l'utiliser comme un moyen d'amplifier notre sagesse, notre éthique et notre bien-être. Le stoïcisme nous rappelle que, même dans un monde de plus en plus technologique, les vertus de sagesse, de modération et de justice restent les piliers d'une vie épanouie et significative.

Cette approche stoïcienne de la technologie nous invite à une réflexion constante sur nos usages numériques, nous encourageant à nous demander régulièrement : « Cette technologie me rend-elle plus sage, plus juste, plus maître de moi-même ? » En posant ces questions, nous pouvons aspirer à une utilisation de la technologie qui élève notre humanité plutôt que de la diminuer, créant ainsi un avenir technologique qui serait non seulement avancé, mais véritablement sage.

**Impact du Stoïcisme sur la résilience mentale et le bien-être**

Le stoïcisme, avec ses enseignements séculaires sur la maîtrise de soi et la gestion des perceptions, s'avère être un outil remarquablement pertinent et puissant pour renforcer la résilience mentale et promouvoir le bien-être, particulièrement dans des situations de stress intense et prolongé, comme nous l'avons vécu lors de la pandémie de COVID-19.

*Développement en détail*

La crise sanitaire mondiale a servi de véritable laboratoire pour l'application des principes stoïciens dans la vie quotidienne. Face à l'incertitude omniprésente et à l'anxiété généralisée, de nombreuses personnes ont trouvé dans le stoïcisme un refuge philosophique et pratique.

Par exemple, confrontés à la peur de la contamination ou aux défis de l'isolement social, ceux qui ont adopté une perspective stoïcienne ont pu reconnaître et accepter leur impuissance face à la présence du virus, tout en se concentrant sur les aspects de leur vie qu'ils pouvaient effectivement influencer. Cette approche s'est traduite par des actions concrètes telles que :

1. Suivre scrupuleusement les directives de santé publique, non pas par peur, mais par un sens du devoir envers la communauté.

2. Maintenir une routine d'activités mentales et physiques pour préserver l'équilibre psychologique et la santé corporelle.

3. Rechercher activement des moyens de soutenir les autres, transformant ainsi une situation potentiellement isolante en une opportunité d'exercer la vertu stoïcienne de la justice.

Cette approche stoïcienne a permis à beaucoup de maintenir une attitude proactive et résiliente, réduisant significativement le stress et favorisant un sentiment de bien- être, même au cœur de circonstances extrêmement difficiles. Par exemple, des études menées pendant la pandémie ont montré que les individus pratiquant des exercices de réflexion inspirés du stoïcisme, tels que la contemplation des pires scénarios (praemeditatio malorum), ont rapporté des niveaux d'anxiété plus bas et une meilleure capacité à faire face aux défis quotidiens.

**Le Stoïcisme dans l'éducation moderne**

L'intégration des principes Stoïciens dans les systèmes éducatifs modernes représente une opportunité extraordinaire de transformer fondamentalement la manière dont les étudiants abordent non seulement leurs défis académiques, mais aussi les crises personnelles et globales auxquelles ils peuvent être confrontés.

*Développement en détail*

Imaginons un programme scolaire innovant mis en place pendant la pandémie, qui aurait utilisé le stoïcisme comme cadre pour aider les étudiants à gérer leur anxiété face aux incertitudes de l'avenir. Ce programme pourrait s'articuler autour de plusieurs axes :

1. *Cours de philosophie pratique :* Des sessions hebdomadaires où les élèves explorent les concepts stoïciens clés et leur application dans la vie quotidienne. Par exemple, une leçon pourrait se concentrer sur la distinction entre ce qui est sous notre contrôle et ce qui ne l'est pas, invitant les élèves à réfléchir sur leurs propres expériences pendant la pandémie.

2. *Exercices de pleine conscience stoïcienne :* Des séances quotidiennes courtes (5-10 minutes) au début de chaque journée scolaire, où les élèves pratiquent la « vue d'en haut » (une technique de distanciation émotionnelle) ou la contemplation de leur propre mortalité pour gagner en perspective.

3. *Journal de gratitude et de progrès :* Un exercice quotidien où les élèves notent non seulement ce pour quoi ils sont reconnaissants, mais aussi les actions qu'ils ont entreprises en accord avec les vertus stoïciennes (sagesse, justice, courage, tempérance). Cela pourrait inclure des entrées telles que « J'ai aidé un camarade de classe à comprendre un concept difficile » ou « J'ai choisi de ne pas participer à une rumeur malveillante en ligne ».

4. *Projets de service communautaire :* Des initiatives guidées par les principes stoïciens, où les élèves conçoivent et mettent en œuvre des projets pour aider leur communauté pendant la crise. Cela pourrait aller de la création d'un réseau de soutien pour les personnes âgées isolées à l'organisation de campagnes de sensibilisation sur la santé mentale.

5. *Ateliers de gestion du stress :* Des sessions pratiques où les élèves apprennent à appliquer des techniques stoïciennes pour gérer le stress des examens, l'incertitude concernant leur avenir ou les conflits interpersonnels. Ces ateliers pourraient inclure des jeux de rôle et des simulations de situations stressantes.

Les résultats d'un tel programme pourraient être remarquables. Les étudiants rapporteraient probablement une meilleure capacité à rester centrés et calmes face à l'adversité, une plus grande clarté dans leurs objectifs personnels et académiques, et une amélioration générale de leur bien-être mental. De plus, ces compétences en résilience et en gestion du stress, une fois acquises, seraient des atouts précieux tout au long de leur vie, bien au-delà de la crise immédiate.

## Stoïcisme et développement durable

L'approche stoïcienne de la simplicité volontaire et de l'harmonie avec la nature trouve un écho profond et urgent dans les mouvements contemporains en faveur du développement durable, une résonance qui s'est particulièrement amplifiée dans le contexte de prise de conscience accrue pendant la pandémie.

La crise sanitaire mondiale a mis en lumière de manière saisissante la fragilité de nos écosystèmes et l'interconnexion de la santé humaine avec la santé de notre planète. Dans ce contexte, l'éthique stoïcienne offre un cadre puissant pour repenser notre relation avec l'environnement et nos habitudes de consommation.

Un stoïcien moderne pourrait interpréter la situation actuelle comme un appel pressant à :

1. *Réduire la consommation personnelle :* En appliquant le principe stoïcien de frugalité, on pourrait adopter une approche minimaliste de la consommation, se concentrant sur les besoins essentiels plutôt que sur les désirs superficiels. Cela pourrait se traduire par des actions telles que :

   o   Privilégier les produits durables et réparables plutôt que les articles jetables.

   o   Pratiquer le « no-buy challenge » pour des périodes déterminées, en s'abstenant d'achats non essentiels.

   o   Adopter une garde-robe capsule, limitant les achats de vêtements à quelques pièces polyvalentes et de qualité.

2. *Adopter des habitudes plus durables :* En s'inspirant de l'idéal stoïcien de vivre en harmonie avec la nature, on pourrait intégrer des pratiques écologiques dans sa routine quotidienne :

   o Opter pour des moyens de transport à faible impact carbone, comme la marche, le vélo ou les transports en commun.

   o Adopter un régime alimentaire plus végétal, reconnaissant l'impact environnemental significatif de la production de viande.

   o Mettre en place un système de compostage domestique pour réduire les déchets organiques.

3. *S'engager dans l'action collective :* Le stoïcisme encourage la participation active à la vie de la cité. Dans un contexte environnemental, cela pourrait se traduire par :

> o Participer à des initiatives locales de nettoyage de l'environnement ou de plantation d'arbres.

> o S'impliquer dans des groupes de pression pour des politiques environnementales plus ambitieuses.

> o Organiser des ateliers communautaires sur la durabilité, partageant les connaissances et les compétences avec les autres.

Par exemple, imaginons une communauté inspirée par les principes stoïciens qui organise une série d'ateliers pratiques sur le développement durable. Ces sessions pourraient inclure :

- Un atelier sur le compostage, où les participants apprennent non seulement les aspects techniques, mais aussi réfléchissent sur la nature cyclique de la vie et de la mort, un thème cher aux stoïciens.

- Une session sur la réduction des déchets, explorant comment la simplicité volontaire peut conduire à une vie plus satisfaisante et en harmonie avec l'environnement.

- Un atelier sur la consommation éthique, examinant comment nos choix de consommation reflètent nos valeurs et impactent le monde qui nous entoure.

Ces initiatives, ancrées dans la philosophie stoïcienne, ne se contenteraient pas de transmettre des compétences pratiques, mais encourageraient également une réflexion profonde sur notre place dans le monde naturel et notre responsabilité envers lui. Elles illustreraient comment des choix individuels, guidés par des principes éthiques solides, peuvent contribuer de manière significative à la santé globale de notre environnement et, par extension, à notre propre bien-être.

En adoptant cette approche stoïcienne du développement durable, les individus et les communautés pourraient non seulement réduire leur impact environnemental, mais aussi cultiver un sens plus profond de connexion avec le monde naturel et une plus grande satisfaction personnelle, démontrant ainsi la pertinence continue des enseignements stoïciens dans notre quête d'un avenir plus durable et harmonieux.

**Revalorisation du Stoïcisme dans le monde moderne**

En conclusion de ce chapitre sur la résurgence et l'influence contemporaine du stoïcisme, il apparaît clairement que cette philosophie millénaire continue d'offrir des réponses pertinentes et significatives aux défis complexes de notre époque. Son application dans des domaines aussi divers que le bien-être personnel, l'éducation, la psychothérapie, la technologie et le développement durable témoigne de sa remarquable adaptabilité et de sa pertinence durable.

Le stoïcisme nous rappelle l'importance cruciale de la maîtrise de soi, de la rationalité et de la perspective dans la gestion de nos vies personnelles et professionnelles. Dans un monde caractérisé par l'incertitude et le changement rapide, ces enseignements revêtent une valeur inestimable. Les individus et les sociétés qui embrassent ces principes se trouvent mieux équipés pour naviguer dans les eaux tumultueuses de la vie moderne, cultivant résilience, clarté d'esprit et un engagement profond envers le bien commun. La pandémie de COVID-19 a mis en exergue le besoin urgent d'une philosophie pratique capable d'aider les individus à gérer le stress, l'incertitude et les dilemmes éthiques complexes. Le stoïcisme, avec son accent sur la distinction entre ce qui relève de notre contrôle et ce qui n'en relève pas, offre un cadre robuste et éprouvé pour maintenir l'équilibre émotionnel et prendre des décisions éthiques, même dans les circonstances les plus éprouvantes.

Alors que nous nous projetons vers l'avenir, il est fort probable que le stoïcisme continuera d'inspirer et de guider ceux qui aspirent à mener une vie plus intentionnelle et réfléchie. Que ce soit à travers des initiatives éducatives intégrant la pensée stoïcienne, des approches thérapeutiques s'appuyant sur ses techniques pour renforcer la santé mentale, ou des pratiques commerciales et technologiques reflétant ses valeurs éthiques, le stoïcisme a encore beaucoup à offrir à notre monde contemporain.

Ce chapitre ne se contente pas de retracer l'influence historique d'une philosophie ancienne ; il lance un appel vibrant à reconnaître et à intégrer ses précieux enseignements dans notre vie quotidienne. En embrassant le stoïcisme, nous pouvons non seulement aspirer à améliorer nos propres vies, mais aussi contribuer activement à la construction d'un avenir plus juste, plus rationnel et plus durable pour l'ensemble de l'humanité.

En définitive, le stoïcisme nous rappelle que, malgré les avancées technologiques et les changements sociaux rapides, les questions fondamentales sur la manière de mener une vie bonne et vertueuse demeurent d'une actualité saisissante. Il nous invite à cultiver une sagesse intérieure capable de nous guider à travers les turbulences de la vie moderne, tout en nous encourageant à contribuer positivement à notre communauté et à notre monde. Dans cette quête d'une existence plus équilibrée et significative, le stoïcisme se révèle être non pas une relique du passé, mais un phare éclairant le chemin vers un avenir plus éthique et harmonieux.

# Conclusion

Au terme de notre exploration approfondie des « Racines du Stoïcisme : Histoire et Influence des Fondateurs », nous avons entrepris un voyage intellectuel à travers les âges, redécouvrant une philosophie antique dont la pertinence demeure intacte face aux défis contemporains. Cette odyssée philosophique nous a permis de saisir l'essence d'une sagesse millénaire, offrant des réponses nuancées aux questionnements immuables sur la condition humaine, l'organisation sociale et la quête universelle du bonheur.

De Zénon de Citium à l'empereur philosophe Marc Aurèle, en passant par Épictète et Sénèque, les penseurs stoïciens ont façonné une approche de l'existence valorisant la raison, la maîtrise de soi et la bienveillance. Leur héritage nous enseigne que la véritable sagesse réside dans notre capacité à vivre en harmonie avec le cosmos, à accepter ce qui échappe à notre contrôle tout en agissant avec vertu sur ce qui relève de notre responsabilité.

## L'essence du stoïcisme : un guide pour la vie moderne

Le cœur de la doctrine stoïcienne repose sur la conviction que la vertu constitue l'unique bien véritable et qu'elle suffit à atteindre le bonheur. Cette vertu se décline en quatre qualités cardinales : la sagesse (sophia), le courage (andreia), la justice (dikaiosyne) et la tempérance (sophrosyne). Chaque adepte du stoïcisme, qu'il soit enseignant, dirigeant, citoyen ou parent, est invité à cultiver ces vertus dans tous les aspects de son existence.

Prenons l'exemple de la justice : un stoïcien s'efforce d'agir avec équité et intégrité, non seulement dans sa sphère privée, mais aussi dans l'arène publique. Cette application universelle des principes stoïciens favorise l'émergence d'une société où chaque individu est traité avec respect et dignité. De même, la pratique de la tempérance encourage une consommation modérée et réfléchie, un principe particulièrement pertinent face aux défis environnementaux actuels.

**Le stoïcisme face aux défis du XXIe siècle**

Dans notre ère caractérisée par des mutations rapides et souvent déstabilisantes, le stoïcisme se présente comme un phare éthique, offrant stabilité et guidance. Sa résonnance grandissante avec les enjeux contemporains - qu'il s'agisse du stress professionnel, de la pression exercée par les réseaux sociaux, des crises politiques ou des défis écologiques - témoigne de la pérennité et de l'actualité de ses enseignements.

Le Stoïcisme moderne encourage une approche réflexive face aux turbulences de notre époque. Il nous invite à prendre du recul, à analyser nos réactions émotionnelles et à y répondre avec discernement et intégrité. Face à l'anxiété climatique, par exemple, un stoïcien contemporain se concentrerait sur les actions concrètes à sa portée : réduire son empreinte carbone, sensibiliser son entourage, ou s'engager dans des initiatives locales. Cette approche pragmatique et constructive s'oppose à la paralysie induite par l'angoisse ou à l'indignation stérile.

**Approfondir et vivre le stoïcisme au quotidien**

L'étude du stoïcisme ne se limite pas à la lecture des textes anciens ; elle s'enrichit d'une multitude de ressources contemporaines qui en facilitent la compréhension et l'application. Pour ceux désireux d'approfondir leur connaissance, la lecture assidue des œuvres classiques demeure fondamentale. Les écrits de Marc Aurèle, Épictète et Sénèque offrent une source inépuisable de réflexions et de conseils pratiques.

Parallèlement, une pléthore de ressources modernes permet d'explorer le stoïcisme sous différents angles :

1. Ouvrages contemporains : Des auteurs comme Ryan Holiday, Massimo Pigliucci ou William B. Irvine proposent des interprétations actualisées du stoïcisme, le rendant accessible à un public moderne.

2. Podcasts et conférences en ligne : Ces formats offrent des discussions approfondies et des exercices pratiques pour intégrer les principes stoïciens dans la vie quotidienne.

3. Ateliers et retraites : Des expériences immersives permettent de vivre le stoïcisme de manière intensive, favorisant une compréhension incarnée de ses préceptes.

4. Communautés en ligne : Les forums et groupes de discussion offrent des espaces d'échange et de soutien mutuel entre praticiens du stoïcisme.

L'intégration de pratiques quotidiennes inspirées du stoïcisme peut transformer profondément notre approche de la vie :

- La méditation matinale (premeditatio malorum) : Anticiper les défis de la journée pour s'y préparer mentalement.
- Le journal du soir : Réfléchir sur ses actions et décisions à la lumière des vertus stoïciennes. L'exercice de la perspective cosmique : Prendre conscience de sa place dans l'univers pour relativiser ses préoccupations.
- La pratique de la gratitude : Reconnaître et apprécier les aspects positifs de notre existence.

**Vers un renouveau stoïcien**

« Les Racines du Stoïcisme : Histoire et Influence des Fondateurs » ne marque pas le terme de notre exploration, mais plutôt l'aube d'un cheminement vers une existence plus réfléchie, résiliente et épanouie. L'adoption des principes stoïciens nous offre les outils pour naviguer avec sagesse dans les méandres de la vie moderne, tout en cultivant une éthique personnelle solide. Le stoïcisme, loin d'être une relique philosophique, s'affirme comme une boussole morale indispensable pour affronter les complexités de notre époque. Il nous invite à transcender nos limitations personnelles pour contribuer au bien-être collectif et à l'édification d'un monde plus juste et durable.

En embrassant cette philosophie millénaire, nous ne nous contentons pas d'améliorer nos vies individuelles ; nous participons à un mouvement plus vaste de renouveau éthique. Le stoïcisme nous rappelle que chacun de nos actes, aussi modeste soit-il, a le potentiel de créer des ondulations positives dans le tissu de notre société et de notre environnement.

Ainsi, la sagesse stoïcienne, loin d'être figée dans le passé, se révèle être un guide précieux pour naviguer dans les eaux tumultueuses du présent et façonner un avenir empreint de courage, de justice et de tempérance. En cultivant ces vertus, nous ne nous contentons pas de survivre aux défis de notre époque ; nous apprenons à prospérer malgré eux, transformant chaque obstacle en opportunité de croissance personnelle et collective.

# Annexes

# Chronologie des Philosophes Stoïciens

**1. *Zénon de Citium*** (334-262 av. J.-C.)

- Fondateur du Stoïcisme : Né à Citium, à Chypre, Zénon est le fondateur de l'école stoïcienne à Athènes vers 300 av. J.-C.

- Œuvres et enseignements : Bien que ses écrits ne nous soient pas parvenus, il est connu pour avoir enseigné que le bonheur réside dans l'harmonie avec la nature, obtenue par la vertu.

**2. *Cléanthe*** (331-232 av. J.-C.)

- Deuxième chef de l'école Stoïcienne : Successeur de Zénon, Cléanthe est surtout connue pour son hymne à Zeus, qui souligne la providence divine dans l'ordre naturel.

- Contributions : Cléanthe a développé la dimension religieuse du stoïcisme, accentuant la présence de la logique divine dans l'univers.

3. ***Chrysippe de Soles*** (280-207 av. J.-C.)

- Troisième chef de l'école stoïcienne : Chrysippe est souvent considéré comme
  le second fondateur du stoïcisme en raison de ses contributions systématiques
  à la théologie, à la logique et à l'éthique.

- Œuvres : Il a écrit plus de 700 œuvres, et bien que la plupart soient perdues,
  ses idées sur la causalité et le destin restent centrales dans le stoïcisme.

4. ***Panétios de Rhodes*** (v. 185-110 av. J.-C.)

- Renouveau du Stoïcisme : Panétios a introduit le stoïcisme à Rome et a adapté
  les enseignements pour les rendre pertinents pour un public romain.

- Influence : Ses idées sur le devoir et la moralité ont influencé des figures
  romaines telles que Cicéron.

5. ***Posidonius d'Apamée*** (v. 135-51 av. J.-C.)

- Philosophe et polymathe : Posidonius est connu pour ses travaux en
  philosophie, astronomie et géographie.

- Enseignements : Il a exploré la psychologie des émotions et a étendu le
  stoïcisme au-delà de la philosophie en intégrant des sciences naturelles.

6. ***Sénèque*** (4 av. J.-C. - 65 apr. J.-C.)

- Conseiller de Néron : Sénèque est un des philosophes stoïciens les plus connus,
  célèbre pour ses lettres et traités qui explorent la manière de vivre une vie
  stoïcienne dans le contexte de la Rome impériale.

- Œuvres : Ses « Lettres à Lucilius » et ses traités comme « De la Brièveté de la
  vie » sont des textes fondamentaux pour comprendre le stoïcisme pratique.

7. ***Épictète*** (50-135 apr. J.-C.)

- L'Esclave devenu Philosophe : Épictète, né esclave, a établi son école à
  Nicopolis. Ses enseignements se concentrent sur l'idée que l'on ne doit désirer
  que ce qui est dans notre contrôle.

- Écrits : Les « Entretiens », rédigés par son élève Arrien, résument sa philosophie de la résilience et de l'indépendance intérieure.

8. *Marc Aurèle* (121-180 apr. J.-C.)

- L'Empereur Philosophe : Le dernier des « Cinq bons empereurs », Marc Aurèle est l'auteur des « Pensées pour moi-même », qui offre un aperçu de ses réflexions stoïciennes personnelles.

- Règne et philosophie : Son règne est marqué par des défis militaires et personnels, à travers lesquels il applique les principes stoïciens de discipline et de contrôle de soi.

Cette chronologie montre non seulement l'évolution du stoïcisme, de ses origines grecques jusqu'à son intégration profonde dans la culture romaine. Mais aussi la manière dont chaque philosophe a contribué à adapter et à développer la philosophie face aux changements de leur époque.

# Glossaire des termes Stoïciens

**Adiaphora** (Indifférents)

*Définition :* Biens ou maux qui ne sont pas essentiels à la vertu et donc considérés comme neutres moralement.

*Exemple :* Pour un stoïcien, gagner une somme d'argent à la loterie est un indifférent. Cela peut apporter du plaisir, mais ne doit pas influencer le bonheur véritable qui dépend de la vertu.

**Apatheia** (Absence de passion)

*Définition :* État d'absence de passions déraisonnables, atteint par le contrôle rigoureux des réponses émotionnelles.

*Exemple :* Une stoïcienne pratique l'apatheia en restant calme et mesurée même lorsqu'elle fait face à des critiques sévères au travail, comprenant que la véritable valeur ne vient pas de l'opinion d'autrui, mais de sa propre intégrité.

**Doxa** (Opinion)

*Définition :* Croyances ou jugements qui ne sont pas fondés sur la raison, souvent source de désordre émotionnel.

*Exemple :* Un stoïcien évite de former des « doxa » sur les gens basés sur des rumeurs, préférant des jugements basés sur des faits observés et la raison.

**Eudaimonia** (Bonheur ou félicité)

*Définition :* État de contentement qui découle de vivre une vie de vertu en harmonie avec la raison.

*Exemple :* Un philosophe stoïcien trouve l'eudaimonia non dans les plaisirs éphémères, mais dans son engagement quotidien pour la justice et l'autodiscipline.

**Hegemonikon** (Faculté directrice)

*Définition :* Partie de l'âme responsable de la pensée, du jugement, et de la volonté, selon les Stoïciens.

*Exemple :* Lors d'un débat, le stoïcien utilise son hegemonikon pour rester focalisé sur des arguments logiques plutôt que de se laisser emporter par des réactions émotionnelles.

**Kathekon** (Devoir)

*Définition :* Action conforme à la cause et appropriée à un rôle ou une fonction sociale spécifique.

*Exemple :* C'est un kathekon pour un stoïcien juge de s'assurer que ses verdicts sont justes et impartiaux, reflétant son rôle social de dispenser une justice équitable.

**Logos**

*Définition :* Principe rationnel qui ordonne l'univers et est partagé par tous les êtres rationnels.

*Exemple :* Un stoïcien voit le cycle de la vie et de la mort comme manifestation du Logos, acceptant les événements naturels sans désespoir, mais avec une compréhension rationnelle.

**Phantasia** (Impression)

*Définition :* Perception initiale ou impression qui est soumise à un jugement ultérieur pour décider de sa validité.

*Exemple :* Face à une phantasie de menace, lorsqu'un chien aboie, un stoïcien évaluera calmement si le chien est réellement dangereux ou simplement bruyant, avant de réagir.

**Prohairesis** (Faculté de choix)

*Définition :* Capacité à choisir notre réponse aux impressions, considérée comme la seule véritable liberté de l'individu.

*Exemple :* Lors d'une panne de voiture, un stoïcien utilise sa prohairesis pour choisir la patience et la résolution du problème plutôt que la frustration.

**Virtus** (Vertu)

*Définition :* Qualité fondamentale reflétant l'excellence du caractère, souvent divisée en quatre vertus cardinales : la sagesse, la justice, le courage et la tempérance.

*Exemple :* Un stoïcien pratique la vertu du courage en défendant un collègue injustement accusé, même au risque de subir des répercussions négatives.

Ce glossaire enrichi offre une perspective approfondie sur le vocabulaire stoïcien, illustrant la manière dont ces concepts interconnectés soutiennent une vie orientée vers la raison, la vertu, et le vrai bonheur.

# Références

Aucousturier, J. M. D. (2024). *Sept contes stoïques : Pratiques de pleine conscience pour la sérénité quotidienne et la gestion du stress.* [Livre broché]. https://amzn.to/3LgeMQk

- ➤ Explorez le stoïcisme à travers sept contes philosophiques qui offrent des stratégies pratiques pour la pleine conscience, la sérénité et la résilience dans un recueil enrichi d'exercices et de parcours initiatiques.

Becker, L. C. (2001). *A new Stoicism*. Princeton University Press.

- ➤ Ce livre propose une version modernisée du stoïcisme, adaptant ses principes pour le monde contemporain tout en restant fidèle à ses racines philosophiques.

Epictetus. (1983). *The Handbook (The Encheiridion)* (N. P. White, Trans.). Hackett Publishing Company.

- ➤ Traduction du manuel d'Épictète, qui condense les enseignements stoïciens sur la manière de vivre une vie vertueuse et indépendante des circonstances extérieures.

Hadot, P. (1998). *The Inner Citadel: The Meditations of Marcus Aurelius.* Harvard University Press.

- ➤ Pierre Hadot explore les « Méditations » de Marc Aurèle, décrivant comment ce texte reflète les exercices spirituels pratiqués par l'empereur et comment ils peuvent être appliqués à la pratique moderne du stoïcisme.

Irvine, W. B. (2009). *A Guide to the Good Life: The Ancient Art of Stoic Joy.* Oxford University Press.

> ➤ Irvine offre une introduction accessible au stoïcisme et explique comment ses techniques peuvent être utilisées pour gérer les défis émotionnels de la vie moderne et trouver la tranquillité.

Long, A. A., & Sedley, D. N. (1987). *The Hellenistic Philosophers: Volume 1, Translations of the Principal Sources with Philosophical Commentary.* Cambridge University Press.

> ➤ Ce volume comprend des traductions et des commentaires des œuvres des philosophes hellénistiques, y compris les stoïciens, offrant un aperçu précieux de leurs enseignements et contextes historiques.

Robertson, D. (2019). *How to Think Like a Roman Emperor: The Stoic Philosophy of Marcus Aurelius.* St. Martin's Press.

> ➤ Ce livre combine des anecdotes biographiques avec des conseils pratiques, montrant comment les techniques de Marc Aurèle peuvent aider à gérer le stress et les émotions aujourd'hui.

Sellars, J. (2006). *Stoicism.* University of California Press.

> ➤ John Sellars présente un aperçu complet du stoïcisme, de ses origines avec Zénon à Citium jusqu'à son influence sur la pensée occidentale bien après l'Antiquité.

Ces ressources fournissent un fond solide pour étudier le stoïcisme, de son histoire et ses théories à ses applications dans la vie quotidienne. Chacune offre une perspective unique sur comment cette philosophie ancienne continue d'influencer et d'inspirer.